U0027512

關係的追尋

克里希那穆提㊦人與世界的連結

WHAT *are* YOU LOOKING FOR ?

克里希那穆提 著
J.Krishnamurti
蔡孟璇 譯
Soupy Tang 封面繪圖

克里希那穆提生前致力於教導世界各地的年輕人，並在加州、英國與印度等地創辦學校。他說：「人年輕的時候，必須具有革命精神，而不是只會反抗……心理的革命意謂著不接受任何模式。」

「這個時代最偉大的思想家之一。」

——達賴喇嘛

「二十世紀的五大聖者之一。」

——《時代》雜誌

「克里希那穆提深深影響了我的一生，幫助我突破我在一己自由上強加的限制。」

——狄帕克．喬布拉（Deepak Chopra）

「我覺得克里希那穆提對我們這個時代而言的意義是：一個人必須自己去思考，不被任何外在的宗教或靈性權威所左右。」

——范．莫里森（Van Morrison）

「聆聽他的話語或閱讀他的思想，就如同以早晨極其清新的狀態面對自己與世界。」

——安妮・莫洛・林德伯格（林白夫人，Anne Morrow Lindbergh）

「一如聆聽佛陀的開示——如此充滿威力、如此充滿內在權威。」

——赫胥黎（Aldous Huxley）

目錄

第二部　人與社會的關係

第三部　人與生命的關係

前言

透過關係才能認識自己

吉杜・克里希那穆提（Jiddu Krishnamurti, 1895-1986）是國際公認當代最偉大的教育家與哲學家之一。他出生於印度南方，在英國接受教育，於九十高齡去世前，持續巡迴世界各地發表公開演說、進行對談、寫作並創辦學校。他宣稱自己不擁護任何種姓、國家或宗教，也不屬於任何傳統。

《時代》雜誌稱克氏為「二十世紀五大聖者之一」，與德蕾莎修女並列，達賴喇嘛稱克氏為「這個時代最偉大的思想家之一」。

他的教誨已集結為七十五部著作，翻譯成三十多種語言出版，並已發行超過四百萬冊。

拒絕所有靈性與心理學方面的權威，包括克氏自己的，就是本書最根本的主題。他表示，人類必須透過自我認識，讓自己從恐懼、制約、權威與教條中解脫。他認為這麼做能帶來秩序與真正的心理轉變。我們這個暴力與衝突不斷的世界，無法藉由任何政治、社會或經濟策略，轉化為一個充滿良善、愛與慈悲的生活。要轉化它，只能由不受任何上師（guru，譯註：印度教與佛教的導師之意，又音譯為古魯）或組織化宗教影響下的個人觀察，所促成的個人突變來達成。

身為原創哲學家，克氏的才能吸引了各行各業中包括傳統派與創新派的人士。國家領袖、傑出科學家、聯合國與各個宗教組織的卓越領導人、精神病學家、心理學家、大學教授等，都曾與克氏進行過對談。學生、老師，以及來自不同領域的數百萬人，都讀過他的著作並前往聆聽他的演講。他沒有使用任何艱澀的術語就為科學與宗教搭起了一座橋梁，因此無論是科學家或一般人，都能了解他對於時間、思想、洞見與死亡的探討。

克氏一生中曾在美國、印度、英國、加拿大與西班牙設立基金會。這些基金會明定的角色是保存並傳播他的教誨，但無權詮釋他的教誨，或將其言和其人奉若神明。

克氏也在印度、英國與美國創辦學校。在他的理想中，教育應強調的是了解一個人的整體存在，包括頭腦與心靈，而非僅僅是學術與智識技巧上的獲得。教育的目的必須是學習生活藝術的技巧，而非只是學習謀生用的科技、技術。

克氏說：「確實，學校就是一個人學習何謂整體，亦即生命的完整存在這件事的地方。學術上的卓越絕對必要，但一座學校的功能遠不止於此。那是一個讓老師與受教的學生都能雙雙進行探索的地方，而且探索的不只是外在世界，知識世界，更包括他們自己的思想、自己的行為。」

他談到自己的作品是這麼說的：「這裡不需要也不要求你具備任何信念，這裡沒有追隨者，沒有宗教儀式，也沒有任何形式或要你朝特定方向走的遊說，而唯有如此，我們才能在相同的平台、相同的基礎、相同的水平上相遇。然後，我們就能一起觀察人類存在這個非凡的現象。」

——馬克．李（R.E. Mark Lee）

美國克里希那穆提基金會執行長

引言

一切生命盡在關係中

我們都活在關係之中。我們活在與彼此的關係，與家庭、與世界、與地球和宇宙的關係中。

因為所有生命都活在關係中，因此了解關係是什麼，以及了解與愛人、父母、朋友、老師、社會等的關係中的每一個動作，對我們和他人有何意義，是一件非常重要的事。

將我們所有個別的關係集合在一起，就創造出社會。社會就是我們。因此，我們每一個人在關係中的身分與模樣便創造出社會。如果我們在關係中是憤怒的、嫉妒的、充滿侵略性而且野心勃勃、自怨自艾，又覺得孤單、沮喪、心懷偏見、想要獨占，那麼我們會創造出一個瘋狂的社會。將在人際關係中表現出自我中心、深情款款、貪婪或慷慨的每一個人乘以六十億——那就是我們的世界。我們所是的一切影響著其他每一件事：人、動物、地球與生物圈等等。如你所見，這種影響是雙向的。每一件惡行都影響著我們所有人，每一件善行亦復如是。

當我們不害怕去看清楚時，大多數人其實都心知肚明，我們是非常孤單的人。我們不知道原因，也不知道這是怎麼發生的，但即使是在自己的家人之間，眾多朋友之間，甚至和自己的男朋友或女朋友在一起時，我們也經常會感到孤立、感到孤單。就算是在最親密的關係中，我們也在思忖著關於自己的事，包括害怕被拋棄的恐懼與種種不安全感。而這導致了更多的孤單感受、對人事物的更多依賴，以及繼而引發的各種痛苦。我們已經養成這種恐懼與痛苦的習慣，我們忘記了，或者從未被教導過——說這些只是生理、文化以及個人的習慣，而習慣是可以改變的。沒錯，我們從祖先那裡繼承了求生存的侵略性與地域性本能，還有我們古老的動物性，但我們的大腦也同時擁有智慧，能夠決定這些是否恰當，以及何時該改變自身行為。

有件事似乎很奇怪，就是我們在學校從未被教導過關於關係的事——與自己、他人、工作、金錢、社會、地球和宇宙的關係。由於我們個人與集體的生存都依賴著各種關係，你可能會認為教育家和父母，會堅持讓我們在學習閱讀、寫作、數學與電腦的同時，也讓我們學習關係的事。我們所接受的教導是如何謀生，而不是如何生活。因此，我們每個人都必須自行學習生活中的關係這門藝術。

我們必須學習什麼是關係，什麼不是，以及哪裡出錯了。雖然從外在看來我們可能聰明又有教養，但是在內在，人類依然是暴力的，而真正的教育就是改變那個內在的人性。一段正確關係的關鍵要素，就是了解自己的思想活動，這就是自我認識——試圖了解我們的思想與行為舉止，都是以種種方式，受到來自個人經驗、家庭、文化、國家、宗教、性別與生理上的制約而產生的。

如果你不了解自己的思想活動，無論你在思考什麼都沒有太大意義。如果不認識自己的偏見，以及來自生理或個人成見所造成的障礙；如果不了解自己的恐懼、自己的傷痛、自己的憤怒，而且缺乏洞徹它們的能力，那麼你所有的思想、所有的關係也都將蒙塵或變得扭曲。歸根到柢，認識自己就是一切關係的基礎。

你可以在最唾手可得的一面鏡子裡發現自己的真相：那就是關係這面鏡子。只要仔細觀察自己在日常生活中如何與人互動，你就可以看見自己有什麼感受、在想些什麼、做些什麼行為。你可以在自己對別人的反應中，看見什麼會激怒你、讓你受傷，看見你慷慨大度的時刻，以及感到喜悅、充滿生氣與活力的時刻。記得不要把你的發現刻在水泥牆上，因為生命的每一刻都在變化，你也是如此。只要去注意你當下的感受，不需要把它表現出來或強忍住，等到之後才行動。不將憤怒或貪婪表現出來十分困難，但即使困難，也不代表你有什麼問題。要重新改寫累積數百萬年充滿侵略性、獵人式的部落文化制約，本來就是個艱難的任務。但是，如果你能從一個憤怒的片刻學到些什麼，那就有意義了。每一次你成功辦到這件事的時候，我們呼吸的空氣就會少一點點毒素。

這種對行為的自我認識與警覺，能為你的生活與關係帶來自由。你內在的野馬不再能將你拖到不想去的地方。自我認識也是生存的關鍵：人的大腦都是大同小異的，因此了解自己就等於了解他人。

幾千個世代以來，人們用其自我中心的想法，亦即我、我的家庭、我的國家優先的概念，在世上製造出種種各自分離的組織，帶來了毒害。我們必須改變這種情況，否則就會繼續受苦。生命是浩瀚的，如果我們只會挖一個洞，可能是很舒適的洞，然後爬進去躲起來，我們便會錯過生命的整個精彩體驗。如果我們一再選擇用製造痛苦的老舊方式，與彼此建立關係，只因為害怕不安全的感覺，我們就死定了。我們必須二選一：沿用舊方式然後承受分離與孤單的痛苦；或者挺身而出反對自我中心的舊方式，活在愛中，不是只有針對特定個人的愛，而是對一切生命的愛。

這些演講與文章的作者，生前的角色就如同各種社會的偉大局外人：他是叛逆者、雲遊詩人、宗教哲學家、帶來突破的科學家，以及心理學家，他是千年來難得一見的偉大巡迴教師。在長達六十五年的時間中，克里希那穆提為願意聆聽的人探討心理上的自由。他創辦學校，除了供年輕人研究各種一般學科之外，也供他們研究自己。在學校裡，一如他在所有的演講和文章所做的，他指出能讓我們獲得自由的不是戰爭——包括內在與外在的戰爭——而是關於我們自己的真相。

沒有途徑，沒有權威，沒有要追隨的上師，你本身已經具有能力去發現真實的自己，發現你如何對待生活、人際關係與工作。是否要依照本書內容進行實驗完全取決於你。關於你是誰和你如何過生活，別人的意見並不會為你帶來養分，那不過像是讓別人來吃你的晚餐。

本書所挑選的篇章皆出自克氏的著作、發表與記錄過的對話，以及他的公開演講。請利用閱讀本書與書末列出的資料進行一場實驗，親身體驗發生在內在的改變。

——戴爾・卡爾森（Dale Carlson）

克氏文集叢書主編

第一部

人與人的關係

第1章

關係的奧義

一、一切生命都是關係

一切生命都是一個關係中的活動。地球上沒有任何活物是與其他東西沒有關係的。即使是隱士，一個離群索居的人，也與過去有關係、與他周圍的人有關係。我們逃脫不了關係。那樣的關係就像一面讓我們看見自己的鏡子，我們可以從中發現真實的自己、我們的反應，我們的偏見，我們的恐懼、沮喪、焦慮、寂寞、孤單、憂愁、痛苦、哀傷等。我們也能發現自己是否能去愛，或是否有所謂的「愛」這種東西。因此，我們將會檢視「關係」這個問題，因為那是愛的基礎。

二、關係是自我發現的手段

關係是一面讓我看見自己的鏡子，而那面鏡子可能是扭曲的，也可能是「如實」的，反映出如是真相。但是，大多數人在關係中，也就是在那面鏡子裡看見的，都是我們想要看見的東西，我們看見的不是如是樣貌，我們寧願理想化……

如果我們檢視自己的生活，自己與他人的關係，我們會發現那是一個孤立的過程。我們真正關心的並不是他人，儘管我們經常這麼說，但其實我們並不關心。我們只有在一段關係能夠滿足我們、提供我們庇護、讓我們感到滿意時，才會與一個人建立關係。一旦關係出現風波，在我們內心製造出不舒服的感覺，我們就會丟棄那段關係。換句話說，關係只有在我們能獲得滿足時才存在。這些話聽起來可能很刺耳，但假如你真正仔細檢視自己的生活，你會發現這是事實……

倘若我們深入探究自己的生活並觀察自己的關係，我們就會看見那是一個持續加大力道抗拒他人的過程，一道讓我們站在上面打量、觀察對方的牆，但我們永遠保留著那道牆並躲在牆的後面，無論那是道心理上的牆、物質上的牆、經濟上的牆或國家上的牆都好。只要我們生活在孤立之中，躲在牆的後面，與他人的關係就不存在……世界是如此紛亂，有那麼多憂傷，那麼多苦難、戰爭、破壞與悲劇，讓我們想要逃離這一切，活在一己心理狀態的安全高牆內。所以，對大部分的人而言，關係實際上是一個孤立的過程，而且很顯然地，這樣的關係所建立的社會也是孤立的。那就是目前世界各地正在發生的情況：你停留在孤立之中，伸出手攀向那道牆……

三、是真正的關係或只是形象？

關係那兩個字是什麼意思？我們是否曾真正與任何人建立關係，或者那只是一段存在於我們為彼此創造的兩個形象之間的關係？我心目中有一個關於你的形象，而你也有一個關於我的形象。你在我心目中的形象是身為我的妻子或丈夫，或無論什麼角色，而我在你心目中也有一個形象。這份關係完完全全是在這兩個形象之間建立起來的。要與他人建立真正的關係，只有在形象不存在時才有可能。當我看著你，或你看著我時，若心中沒有任何殘存在記憶中的形象、侮辱人的形象，以及其他種種形象，那麼關係才可能存在，不過觀察者本身在本質上就是一種形象，不是嗎？我的形象觀察你的形象，如果可能進行觀察的話，這就稱為關係，但這是兩個形象之間的關係，一份不存在的關係，因為兩者都只是形象。建立關係意謂著有所接觸，而接觸必須是一種直接的東西，而非兩個形象之間的東西。需要高度的注意力和覺知，才能看著彼此而腦袋中不出現關於對方的形象，也就是我記憶中對那人的形象——他曾如何侮辱我、取悅我、為我帶來歡樂、這個或那個等等。唯有彼此之間不再有形象時，彼此的關係才能存在。

四、關係是反映我自己的鏡子

確實，唯有在關係中，真實之我的過程才會開展，不是嗎？

關係是一面鏡子，我從中看見如是的自己，但因為大多數人都不喜歡如是的自己，我們便開始以正面或負面的方式，規範我們在關係之鏡中意識到的東西。也就是說，我在關係中、在關係的行動中發現了某件事，而我不喜歡它，因此，我開始修飾我不喜歡的部分，亦即我所意識到的、令我不愉快的部分。我想要改變它——而這意謂著我心中已經有了一個我應該是何樣貌的模式。當我應該是何樣貌的模式出現的那一刻，對於我真實樣貌的理解就不存在了。一旦我想要變成什麼樣子，或我應該變成什麼樣子，或我應該不要變成什麼樣子的理想出現（這個標準取決於我想要改變自己的哪一個部分），那麼，在當下的關係中，對於真實之我的理解必然是不存在的。

我想，了解這一點是很重要的，因為我認為這就是多數人誤入歧途的地方。我們不會想要知道在關係的某個當下我們的真實樣貌為何。如果我們只在乎改善自我，那麼就無法了解自己。

五、自我認識是關係的基礎：關係中的問題就是我們自己

我們的問題，就是我們自己在整個過程所製造的結果，亦即在關係中的行為，包括與事物、觀念或人的互動，因此應該對自己有所了解，這是不可或缺的，不是嗎？若不認識我自己，我就缺少了思考的真正基礎。

六、安全或依賴的關係

關係不可避免地令人痛苦，那可以從我們的日常體驗中看出來。如果關係中沒有緊張，它就不再是一份關係，而只是一種舒適的睡眠狀態、一種麻醉狀態——這是多數人想要的，也是比較喜歡的。衝突就發生在對舒

適的渴望與現實之間、在幻相與實情之間。而如果你能認出這個幻相，你就能將它擱置一旁，將注意力放在了解關係上。然而，如果你想要從關係獲得安全感，那就變成將精力投注在舒適、幻相上——而關係最了不起的地方，就是它的不安全本質。你若想從關係獲得安全感，就是在阻礙它的功能，從而引發一些奇怪的行為與不幸。

當然，關係的功能就是揭露一個人完整的存在本質。關係是一個自我揭露的過程，一個自我認識的過程。自我揭露是痛苦的，需要持續的調整，以及思想和情緒上的柔軟度。那是一場痛苦的掙扎，伴隨著幾段開悟的寧靜時光。

然而大多數人會避免關係中的緊張，或將它擱置一旁，而比較喜歡令人滿足的依賴性，所帶來的輕鬆舒適、一種沒有異議的安全感、一個安全的停泊處。如此一來家庭和其他關係就變成一種庇護，庇護著欠缺思考的人。

當不安全感悄悄滲入了依賴，一如它無可避免會走上的路，那麼那段關係就會被拋棄，人們會開啟一段新的關係，並期盼從中找到永久的安全感。然而，關係中不存在安全感，依賴只會孕育出恐懼。倘若不了解安全感與恐懼的過程，關係就會變成帶來束縛的障礙，一種保持無知的方式。那麼，一切存在都將成為掙扎與痛苦，沒有逃離的出口，除非能擁有來自認識自己的正確思考。

七、你和我建立關係的方式，創造出社會

我們知道當下這一刻我們的關係是什麼——一場爭執，一場掙扎、一

份痛苦，或僅僅是個習慣。如果我們能充分了解，澈底了解我們與某一個人的關係，那麼或許就可能了解我們與眾人的關係，亦即與社會的關係。如果我不了解自己與那一個人的關係，我當然無法了解我與整體的關係。如果我與那人的關係是立基於某個需要、某種滿足感，那麼我與社會的關係必然是相同的……是否可能與那人、與眾人一起生活，而沒有要求呢？確實，那是個問題，不是嗎……只要我們利用關係做為獲得滿足或逃避的手段，做為分散注意力的單純活動，就不可能藉由它認識自己。自我認識是透過關係而被了解、被發現的，其過程也必須透過關係而揭露，不過，前提是你願意深入關係這個問題，並將自己袒露在它面前。因為，畢竟來說，你無法擺脫關係而生活。然而我們想要利用關係來保持舒適、獲得滿足、或成為什麼東西。

八、關係並非只是對安全感、美好感受與滿足感的需求

所以你可以看見，如果我們願意，關係可以是一個揭露自我的過程，但由於我們不讓這件事發生，所以關係變成單純只是一個帶來滿足的活動。只要頭腦依然只想利用關係為自己獲得安全感，那樣的關係必定會製造出混亂與敵意。是否可能活在一段關係中，卻沒有要求、需要和想獲得滿足的想法呢？

九、當關係只是概念和思想，就會有衝突，而沒有愛

你無法思考愛。你可以思考著你愛的人，但思想不是愛，所以，漸漸地，思想取代了愛……關係能夠奠基在一個概念上嗎？如果可以，那麼這

不是一個自我封閉的活動嗎？所以爭執、衝突與痛苦，不是難免的嗎？

十、愛不是一種滿足

唯有愛存在時，真正的關係才會存在，但愛並不是對滿足感的追尋。愛只有在「忘我」的時候才會存在，那時會有完整的交流，不是一、兩個人之間的交流，而是與「那至高的」交流，而這只有在忘記自我的時候才可能發生。

十一、依賴創造出恐懼

現在，對大多數人來說，與另一個人的關係都是以依賴為基礎，經濟上或心理上的依賴。這種依賴會製造出恐懼，讓我們內心滋生出占有欲，導致摩擦、猜疑與挫折感。對另一人的經濟依賴，或許能透過法律或適當的機構來消除，但我指的特別是對另一人的心理依賴，那是渴望獲得個人滿足與快樂的心態所導致的。一個人在這個占有的關係中，感覺變得豐富起來、充滿創造力、更活躍，覺得自身存在的小小火焰因對方而熱烈燃燒，因此為了不失去這種完滿感受的來源，一個人開始害怕失去對方，充滿占有欲的恐懼於焉滋生，繼而引發各種問題。因此，在這種屬於心理依賴的關係中，必定會充滿有意識或無意識的恐懼、猜疑，而這些經常會隱藏在好聽的話裡面。

雖然一個人會依賴另一個人，卻仍渴望不受侵擾、保持完整。關係中的一個複雜問題，就是如何去愛而同時不依賴、不產生摩擦與衝突，以及如何克服想要孤立自己、想要從衝突的根源退縮的欲望。如果我們必須依賴另一個人、依賴社會或環境才能快樂，它們對我們就會變成不可或缺，我們會緊緊抓住它們，只要出現任何改變我們便強烈反對，因為我們心理上的安全感與舒適都依賴著它們。不過，在理智上，我們可能可以認知到生命是一個連續的流動過程，而這必然導致持續的變動，但是在情緒上或感情上，我們仍會緊抓著那些既已建立的、能為我們帶來慰藉的價值觀。因此，在變動與渴望永遠不變之間，存在著持續的戰鬥。是否可能終結這樣的衝突呢？

生活中不可能沒有關係，但我們卻因為將它奠基於個人占有的愛之上，而讓它變得如此痛苦和醜陋。人可不可以去愛卻不要占有呢？你會發現，真正的答案並非存在於逃避、理想與信念之中，而是必須藉由了解依賴與占有欲的根源來獲得。倘若一個人能深刻了解自己與他人之間的關係問題，那麼或許我們也能了解並解決自己與社會的關係問題，因為社會只不過是我們自己的延伸。我們所謂的社會，是由過去的世代所創造，我們接受它，因為它能幫助我們維繫自己的貪婪、占有欲，以及幻相。在這樣的幻相中，一體或和平狀態是不可能存在的。僅僅透過強迫與法律帶來經濟上的一體，不可能終結這場戰爭。只要我們對個別的關係依然不了解，就無法擁有一個平靜祥和的社會。由於我們的關係是奠基於占有的愛，因此我們必須覺察它在自己內心的滋生、它形成的原因及其行動。隨著我們越來越深入覺察到占有過程中的暴力、恐懼與種種反應，一份完整的、整體的了解，也將隨之生起。單憑這份了解，就能將我們的思維從依賴與占有中解脫。關係的和諧，只能夠在一個人的內在找到，無法在另一個人或環境中找到。

在關係中，出現摩擦的主要原因就在於自己，那個身為一切渴望之中心的自我。如果我們能領悟到，最重要的根本不是對方的行為如何，而是我們每一個人的行為與反應如何，如果那些行為與反應能在根本上獲得深刻理解，那麼關係就能經歷一場深刻且根本的改變。在人我關係中，存在著不僅僅是實質上的問題，還有各個層面的思想與感受問題，而唯有當一個人內在處於整合的和諧狀態，他才能與另一個人和諧共處。在關係之中，要謹記在心的一件重要的事不是對方，而是自己，這並非意謂著一個人要孤立自己，而是意謂著要深入了解自己內在衝突與憂傷的根源。只要我們仍依賴他人獲得心理上的安樂，包括理智與情感方面，那份依賴必然無可避免地創造出恐懼，憂傷也會隨之生起。

十二、有執著的地方，就沒有愛

我們彼此之間的關係，難道不是一種心理依賴的狀態嗎？我說的不是生理上的相互依賴，那是完全不同的事。我依賴我兒子，因為我想要他成為我無法成為的某號人物。他是我所有的期盼、所有想望的實現，他是我所有的重心、我的延續。因此我和我兒子、妻子、孩子、鄰居的關係，是處於一種心理依賴的狀態，而且我很害怕處於一種沒有依賴的狀態。我不知道那是什麼意思，所以我依賴書本，依賴關係、社會，依賴財產來帶給我安全感、地位和聲望。如果我不依賴這其中任何一樣東西，那我就依賴我過去曾有過的經驗、依賴我的思想、依賴我所投入的偉大追尋。

那麼，心理上，我們的關係就是奠基於依賴之上，那就是為何會有恐懼的原因。問題不是如何不依賴，而只是去看見我們確實在依賴這個事實。有執著的地方，就沒有愛。因為你不知道如何去愛，你就依賴，然後……有依賴的地方，就有恐懼。我這裡談的是心理上的依賴，而不是依賴送牛奶的人為你送牛奶，或依賴鐵路、橋梁等那種依賴。正是這種內在的心理依賴，例如依賴概念、人、財產等，滋生出恐懼。因此，只要你對關係仍不了解，就無法從恐懼中解脫，唯有當你的頭腦觀照著它所有的關係時，關係才能獲得理解，這也是認識自己的開始。

現在，你能夠不帶任何努力，輕鬆地聆聽這一切嗎？努力只有在你試圖獲得什麼、試圖成為什麼的時候才存在。但是，如果不試圖擺脫恐懼，你就能單純地聆聽「執著會摧毀愛」這個事實，那麼，這個事實當下就能立刻讓你的心從恐懼中解脫。只要對關係仍不了解，亦即只要缺乏自我認識，就無法從恐懼中解脫。自我只有在關係中才能揭露。從觀察我與鄰居說話的方式、我看待財產的方式、我緊抓著信念或經驗或知識的方式，也就是從發現我自己的依賴性之中，我才能開始對整個自我認識的過程覺醒過來。

因此，如何克服恐懼不重要。你可以喝一杯然後把它忘了。你可以到寺廟或禮拜堂，全心全意跪拜，口中一邊念念有詞，或一邊祈禱，然而當你走出廟宇，恐懼就在轉角處等著你。唯有當你了解自己與一切的關係，恐懼才會止息，若缺乏自我認識，那樣的了解是不會來臨的。自我認識不是一件遙遠的事，它就從此時此地開始，就在你觀察如何對待自己的傭人、自己的妻子、孩子的過程中。關係是一面鏡子，讓你看見自己如是的樣貌。如果你能如是地去看自己，不帶任何評價，那麼恐懼就能止息，而且從中將誕生出愛的非凡感受。愛是一種無法培養的東西；愛不是一種可以由頭腦獲得的東西。如果你說：「我要來練習慈悲。」那麼慈悲就是一種屬於頭腦的東西，也因此並不是愛。當我們了解關係的整個過程，愛會悄悄誕生，不為人知地，完整地。那時，頭腦是安靜的，它不會將你的心靈填滿屬於頭腦的東西，因此愛就能夠誕生。

第2章

愛與性

一、我們有兩個問題

話說我們有兩個問題——愛與性。一個是抽象概念，另一個則是實際的日常生物性衝動——一個存在的事實，而且無法否認。首先讓我們探討愛是什麼，不當它是抽象概念，而是看看它實際上是什麼東西。它是什麼？是否只是一種感官上的樂趣，由思想所養成的愉快感，一種記憶中曾帶來極大樂趣和性事享受的經驗……它是否沒有客體而存在？或者它只是因為某個客體而出現……或者愛是你內在的一種狀態……

二、愛是什麼？

愛是什麼？我們能否透過言辭、透過理智來了解它？或者它是一種無法用語言文字形容的東西？我們每個人稱為愛的東西是什麼？愛是情感嗎？愛是情緒嗎？愛能被分為神聖的與人性的嗎？當嫉妒或仇恨或競爭動力存在時，會有愛嗎？當每一個人都在追求自己的安全感，包括心理上與世俗上的、對外的安全感時，會有愛嗎？不要同意，也不要否認，因為你受困其中。我們談的不是抽象的愛，愛的抽象概念一點價值也沒有。你和我都可以針對它提出一堆理論，但實際上，我們稱為愛的東西到底是什麼？

有愉快，性的愉快，就會有嫉妒，那是想要占有的因素，想要支配的因素、想要擁有、掌握、控制、干涉對方想法的欲望。明白這其中的種種複雜因素之後，我們會說那必定有一種神聖的愛，美好、未受染汙、未敗壞的愛，於是我們靜心冥思這種愛，落入一種虔心的、感情用事的、情緒化的心態，然後迷失了。由於我們無法思量屬於人類事物的所謂的愛，於是逃開它，轉而落入完全沒有根據的抽象領域。對嗎？所以，愛是什麼？它是愉快和欲望嗎？它是針對特定一人的愛，不能多人嗎？

要了解「愛是什麼？」這個問題，必須深入探討愉快這個問題，性的愉快，或者支配他人、控制或打壓他人的愉快，並探討愛是否只是針對特定一人的愛，否定對其他人的愛。如果有人說：「我愛你。」是否就排除了其他人？愛是個人的還是無關個人的？我們認為，如果有人愛另一個人，他就不能愛全部，而如果一個人愛全人類，那麼他就不可能愛特定一人。這顯示我們對於愛應該是何模樣，已經有了既定想法，不是嗎？這同樣是一種規範，是我們生活中的文化所發展出來的規則，或者是一個人自己為自己發展出來的規範。因此，對我們而言，對於愛的想法比事實更重要，我們對於愛是什麼、應該是什麼、不是什麼，已經抱持著各種想法。人類的不幸是，宗教的聖人建立了一種觀念，說愛一個女人是一件極其錯誤之事，如果你愛一個人，就不可能接近他們的神。也就是說，性是禁忌，它被聖人拋到一邊，但是一般來說，他們卻為此耗盡心神。因此，要深入探討愛是什麼這個問題，首先必須拋開所有想法、所有關於它是什麼或應該如何、不應該如何，以及分別神聖與不神聖的意識形態。我們可以做到嗎？

三、愛不是什麼？

提問者：你所謂的愛是什麼意思？

克氏：我們將會藉由了解「愛不是什麼」來發現，因為愛是未知的，所以我們必須透過排除已知的來接近它。一個充滿已知的頭腦無法理解未知的東西……

對大多數人而言，愛是什麼呢？當我們說我們愛一個人，那是什麼意思？我們的意思是我們占有了那個人。從這種占有之中會生起嫉妒，因為如果我失去了對方，會發生什麼事？我會感到空虛、迷惘，因為我將占有正當化了。我是能掌握他的。從掌握、占有對方開始，嫉妒就出現了，恐懼就出現了，還有無數因占有而生的衝突。這樣的占有當然不是愛，對嗎？

顯然，愛不是情感。多愁善感、情緒化都不是愛，因為多愁善感或情緒都只是感覺。一個含淚述說著耶穌或克里希那（譯註：印度教的一位重要神祇，又譯奎師那）、談著他們的上師或其他人的宗教人士，只不過是多愁善感、情緒化的。他們沉浸在感覺中，而感覺就是一種思想的過程，思想並不是愛。思想是感覺的結果，因此一個多愁善感的人，一個情緒化的人，不可能理解愛。話說回來，我們不會情緒化或多愁善感嗎？多愁善感和情緒化的表現，只是一種自我膨脹的形式。情緒高漲顯然不是愛，因為一個多愁善感的人，在他們的情感沒有獲得回應、他們的感受沒有發洩的出口時，也可能變得很殘酷。一個情緒化的人，可能會受到煽動而陷入仇恨、戰爭與屠殺之境。一個多愁善感、對自己的宗教總是淚眼以對的人，肯定是沒有愛的。

寬恕是愛嗎？寬恕隱含著什麼意思呢？你侮辱我，我感到憤恨，而且記住了，然後我要不就是被迫，要不就是後悔，說出了：「我原諒你。」

我記得在先，否決在後。這意謂著什麼？我依然是那個中心要角。我依然是重要的，是「我」在寬恕別人。只要抱持著寬恕的態度，重要的依然是「我」，而不是那個我認為侮辱我的人。所以，我先累積了憤恨，然後再否定那股憤恨，這就是你們所謂的寬恕，那不是愛。一個會愛的人顯然沒有敵意，而且對所有這些事淡然處之。同情、寬恕、占有的關係、嫉妒和恐懼——所有這些都不是愛。它們都是屬於頭腦的東西，不是嗎……頭腦只會腐蝕愛，它無法產生愛，它無法給予美。你可以寫一首關於愛的詩，但那不是愛。

顯然，若缺乏真正的尊重，若你不尊重他人，無論是你的傭人或朋友，就沒有愛。難道你沒有注意到嗎？你對你的傭人、對那些所謂「低於」你的人，並沒有抱持尊重、和善、慷慨的態度。你會尊重那些高高在上的人、你的老闆、富豪、住豪宅的人、擁有顯赫頭銜的人、可以給你更好職位和更好工作的人、你可以從他們身上獲得些什麼的人，但你踐踏比你低層的人……

只有當所有這些事不再發生、澈底結束，你才會認識何謂愛。沒有幾個人是真正慷慨、寬大、仁慈的！你只有在有好處時才慷慨，你只有在有所回報時才仁慈。當這些事情消失，當這些事情不再占據你的頭腦，當這些屬於頭腦的事情不再充斥你的心靈，那麼就會有愛，而單單憑著愛，就能轉化現今世界上的各種瘋狂錯亂——而不是憑著什麼制度、理論來做到。

愛的修練，友愛的修練，依然屬於頭腦的領域，因此它不是愛。當所有這些都停止，那麼愛就會誕生，那時你就會知道何謂去愛。那時候，愛無關乎「量」，而是關乎「質」。你不會說：「我愛這整個世界。」而是當你知道如何愛一個人，你就知道如何愛全體。由於我們不知道如何愛一個人，所以我們對人類的愛也是虛構的。當你愛的時候，既沒有一人也沒有眾人：只有愛。唯有當愛存在，我們所有的問題才可能解決……

四、我們為何讓性變成一個問題？

提問者：我們知道性是一種避免不了的身體與心理需求，而在我們這個世代，它似乎變成了個人生活混亂的根本原因。我們該如何處理這個問題？

克氏：為什麼我們不管接觸到什麼，就會把它變成一個問題呢？我們已經把神變成一個問題，我們已經把愛變成一個問題，我們已經把關係、生活變成一個問題，然後我們也把性變成一個問題。為什麼？為什麼我們不管做什麼事都是個問題、都是件可怕的事？我們為什麼在受苦？為什麼性變成一個問題？為什麼我們要委屈地帶著問題過生活？為什麼我們不終結這些問題？為什麼我們不對問題死心，反而日復一日、年復一年背負著這些問題？性確實是一個很適當的問題，但有個最主要的問題是：為什麼我們把生活變成了一個問題？工作、性、賺錢、思考、感覺、體驗等——你知道的，生活的林林總總，為什麼是個問題？最主要的原因，難道不是因為我們總是從一個特定觀點、從一個固定不變的觀點來思考？

我們所謂的性的問題是指什麼？是指這個行為，或是關於這個行為的思想念頭？當然不是指該行為吧。性行為對你來說沒問題，就像吃東西一樣不成問題，但是假如你整天想著關於吃的事或其他事，只因你沒有別的事可想，那它對你就變成問題了。是性行為本身成了問題，還是關於該行為的念頭？你為何要想著它？你為何要不斷強化它？你顯然正在這麼做。那些電影、雜誌、故事等，每一件事都在強化你對性的念頭。頭腦為何要強化它？頭腦到底為何要掛念著性？為何它會成為你生活上最主要的問題？有這麼多事情在呼喚你，需要你的注意，你卻將全部的注意力放在關於性的念頭上。這是怎麼回事？為何你的心思全被它占據？因為那是一種終極的逃避方式，不是嗎？那是一種能全然忘我的方式。你可以暫時忘記自己，起碼在那一刻——沒有其他方式能讓你忘記自己。你在生活中所做的其他每一件事，強調的都是「我」，都是自己。你的事業、你的宗教、你的神、你的領導者、你的政治和經濟行動、你的逃避、你的社會活動、你的參加某個團體和拒絕另一個——這一切的一切都在強調、強化「我」。意思是說，只有從事一個行為時不強調「我」，結果它反倒變成一個問題了，不是嗎？當你生活中只剩唯一一件事成為終極逃避的管道，能讓你澈底忘記自己，你就緊緊抓住它，哪怕只有幾秒鐘也好，因為那是你唯一的快樂時刻。你所接觸的所有其他議題，都成了惡夢一場，成了痛苦的來源，因此你緊抓著那唯一一件能讓你澈底忘記自我的事，你稱之為快樂的狀態。但是當你緊緊抓住它，它也成了惡夢一場，因為這時候你會想要從中解脫，而不是成為它的奴隸。因此，你再次以頭腦發明了貞操的概念、獨身的概念，而且試圖透過壓抑的方式成為獨身的、守貞操的，而這一切都只是讓自己脫離事實的頭腦運作。這麼做依然是特別強調了「我」，那個試圖變成某種人的人，於是，你再度落入艱困、煩惱、不斷努力和痛苦的處境。

只要你仍不了解想著性這件事的頭腦，性就會變成一個極度困難、複雜的問題。性行為本身永遠不會是個問題，但是關於這個行為的思想念頭卻會製造問題。

五、欲望是什麼？

欲望是能量，它必須被理解。它無法只是被壓抑，或被迫順從……如果你消滅欲望，就等於消滅了你的敏感度，也消滅了了解真理所需要的強度。

六、欲望不是愛

欲望不是愛：欲望通往愉快，欲望就是愉快。我們不是在否定欲望。若說我們必須無欲地過生活，那完全是愚蠢的，因為不可能。人類已經嘗試過了。人們曾否定自己、折磨自己，然而欲望依然頑固地存在著，製造出衝突與伴隨衝突而來的種種殘暴行徑。我們不是在提倡無欲，但我們必須了解欲望、愉快和痛苦這整個現象，因為如果我們可以超越它們，就會有至樂和狂喜，而那就是愛。

七、欲望沒有什麼不對

那麼，何謂欲望？當我看見一棵樹在風中搖曳，看著它真是件賞心悅目的事，有什麼不對呢？欣賞鳥兒拍動翅膀的美妙動作有什麼問題？看著一部新車，欣賞它令人讚歎的製造工藝和光鮮亮麗，有什麼不對呢？望著一個善良的人，看他勻稱的臉龐散發出見識高、睿智、有品味的氣質，有什麼不對呢？

八、問題不在欲望，而是在隨後那個「我必須擁有它」的念頭

然而，欲望無法僅止於此。你的知覺並非只是知覺，它會伴隨著感受。隨著感受生起，你會想要觸摸、接觸，接著便生起占有的衝動。你會說：「這太美了，我一定要擁有。」於是，欲望的騷動就此開始。

現在，我們可不可能只是去看、去觀察、去覺知生活中或美或醜的事物，而不要說：「我一定要擁有……」或「我一定不要……」？你是否曾

經只是單純地觀察任何事物？你是否曾經單純地觀察你的妻子、孩子、朋友，就只是看著他們？你是否曾經只是看著一朵玫瑰，而不稱它為玫瑰，不會想要將它插在你的鈕扣眼上或是帶回家送人？若能如此觀察，不帶任何頭腦賦予它們的價值判斷，你就會發現欲望其實並沒有那麼恐怖。你可以看著一部車，看見它的美麗，而不致落入欲望的騷亂或矛盾之中。然而，那有賴於極高強度的觀察，不能只是隨意一瞥。重點不是你沒有欲望，而是頭腦能夠只是看而不去描述。它要能夠在看著月亮時不立刻說：「那是月亮，看它多美啊！」所以，不能有頭腦的喋喋不休介入其中。如果你能辦到這點，你會發現，在觀察、感受、真實感情的高強度狀態中，愛有它自己的行動，那不是欲望矛盾的行動。

九、我們是否能不帶占有欲地去愛？

只要做個實驗你就會知道，要頭腦不對觀察對象喋喋不休地評論有多麼困難。可以肯定的是，愛就是屬於那種性質的事，不是嗎？如果你的頭腦從不安靜下來，總是想著關於自己的事，那你要怎麼去愛呢？用你的整個存在、用你的身心靈去愛一個人，需要極大的強度，而當愛如此強烈的時候，欲望很快便消失了。不過，無論是有意識或無意識，大多數的人從未對任何事物進入如此高強度的狀態，除非是與自身利益有關的事。我們從未切身感受一樣事物，卻又不想從中獲得其他東西。

十、欲望是愛的開端

因此，了解欲望是必要的。你必須「了解欲望」，而不是變得「沒有欲望」。若殺死欲望，你就癱瘓了。當你看著眼前的夕陽西下，觀看本身就是一件令人愉快的事，如果你有一點敏感度的話。那也是欲望——那份愉快。如果你無法看見夕陽與其中伴隨的愉快，你就不是敏感的。如果你無法看著一位開著豪車的富人和其中的愉快——不是因為你也想要，而只是單純地很開心看見一位富人駕著豪華轎車，或者你無法看見一個貧困、蓬頭垢面、骯髒、未受教育的人，身陷絕望並感受到強烈的同情、感情與愛，你就不是敏感的。如果你沒有這樣的敏感度與感受，如何能發現實相？

因此你必須了解欲望……那麼愛，自然會從這份了解而來。大部分的人都沒有愛，我們不知道那是什麼意思。我們知道何謂愉快，知道何謂痛苦。我們認識愉快的善變，或許也認識持續不斷的痛苦。我們知道性的愉快，以及成就名利、地位、聲望的愉快……我們不斷在談論愛，但我們不知道何謂愛，因為我們並不了解欲望，而那正是愛的開端……

十一、熱情從何而來？

要了解欲望，一個人必須了解、傾聽頭腦與心靈的每一次提醒、每一種心情轉折、每一個思想與感覺的變化，必須觀看著這一切。他們必須對這一切保持敏感、保持警醒。若你譴責欲望或將它拿來做比較，你就無法對它保持警醒。你必須關心欲望，因為它能帶給你極其深刻的了解。從這份了解之中，敏感度就會生起。那麼你會變得敏感，不僅僅是對實質的美麗、塵土、星辰，對微笑的臉龐或淚水保持敏感，也對頭腦裡所有的叨絮、呢喃、隱藏的希望和恐懼保持敏感。

在這樣的傾聽、觀看之中，就會有熱情，一種近似愛的熱情。

十二、當思想開始影響欲望，麻煩就來了

感受到欲望時，我會有一種愉快感，而我可以藉由想著它來讓它延續。一個人會想著性。你想著它，等於給了它延續性。或者你想著昨天經歷的痛苦、不幸，因此給了它延續性。所以，欲望的生起是自然的、不可避免的，你必須擁有欲望，你必須反應，否則你就是死的存在體。但是重要的是去觀看，是自己去找出何時要給它延續性，何時不要。

所以你必須了解思想的結構，它影響、控制、塑造並延續了欲望。對嗎？那很清楚。思想是根據記憶等因素來運作的，不過我們現在暫時不深入探討這件事，我們只是要指出，欲望是透過我們持續地思考並賦予它延續性而獲得強化的，這讓它變成意志，然後我們便以這個意志來運作。這個意志根據的是愉快與痛苦。如果事情是愉快的，我就想要更多，如果是痛苦的，我便抗拒它。

因此，對痛苦的抗拒或是對愉快的追求——兩者都能延續欲望……你耽溺在欲望裡的那一刻，它就開始製造出它自己的痛苦、它自己的愉快，你又再次落入惡性循環。

十三、思想讓性變成了色欲

思想，如同我們說過的，藉由想著一件愉快的事讓愉快延續，它灌溉著想像，也就是那幅畫面。思想產生愉快。想著性行為這件事變成了色欲，這與性行為本身是截然不同的。大多數人關心的是色欲的激情。在性之前與之後的渴望是色欲，而這種渴望是思想。思想不是愛。

提問者：性是否可能不帶有這種屬於思想的欲望？

克氏：你必須自己去找出答案。性在我們的生活中占據了非比尋常的重要地位，因為它可能是我們所擁有的唯一一個深刻的、第一手的經驗。

在理智和情感兩方面，我們都會從眾、模仿、追隨、服從。我們所有的關係中都存在著痛苦和爭鬥，除了從事性行為時以外。這個行為是如此不同、如此美好，我們上癮了，因此反而變成一種束縛。這種束縛狀態是讓它延續所必要的——這個行為的中心是分裂的。一個人被如此多條條框框的規矩所束縛，無論是在理智上、家庭中、社群裡都是如此。透過社會的道德觀、透過宗教的約束力——一個人受到如此多的規矩束縛，只剩唯一一種關係中有自由、有強度，也因此，我們賦予了它無與倫比的重要性。但是，如果這其中有全面的自由，它就不會成為如此的一種渴望與問題。我們將它變成問題，是因為我們覺得再多都不夠，或是因為我們對得到它產生罪惡感，或者是在得到它的過程中，我們打破了社會訂下的規則。舊社會稱新社會為放縱的，因為對新社會來說，性只是生活的一部分。在將頭腦從模仿、權威、從眾與宗教訓示中解脫出來的過程中，性有屬於它的位置，但它不會耗盡一個人的心力。從這點來看，我們可以發現，自由對愛而言是不可或缺的——不是反抗的自由，不是去做自己喜歡做的事那種自由，也不是公然或偷偷地耽溺於一己渴望那種自由，這種自由是存在於了解這行為中心的完整結構與本質，那麼，這種自由就是愛。

提問者：所以，自由不是放縱？

克氏：不是。放縱是一種束縛。愛不是恨、不是嫉妒、不是野心、不是害怕失敗的競爭精神。它不是神的愛，也不是凡人的愛——這種劃分又是一種分裂。愛既不屬於特定個人，也不是屬於眾人。當愛存在，它既是個人的也是非個人的，既有也沒有一個對象或客體。它就像花朵的芳香，無論是一人或眾人都可聞到它的香氣：重要的是那股芬芳，而不是它屬於誰。

十四、問題不是性，而是缺乏愛

年輕的時候，我們擁有強烈的性衝動，多數人試圖透過控制或管束的方法來處理這些欲望，因為我們以為，如果沒有某種約束，就會變得色欲橫流。相較之下，組織化宗教非常關切我們的性道德觀，但他們卻允許以愛國主義之名犯下暴力與謀殺之罪，允許我們深陷嫉妒與狡猾的殘酷行為、允許我們追逐權力與成功。為何他們如此關心這一特定類別的道德觀，卻不抨擊剝削、貪婪與戰爭？難道不是因為組織化宗教作為我們所創造環境的一部分，它其實是依賴著我們的恐懼與希望、我們的嫉妒羨慕與分離主義，才得以存在的嗎？因此，在宗教領域也好，所有其他領域也好，頭腦都是被監禁在其自身欲望的投射中。

只要對整個欲望的過程缺乏深刻了解，那麼無論東方或西方，現今存在的結婚制度，都無法為性的問題提供答案。愛不是簽一份合約就能令它產生的，更不是奠基於滿足感的交換、也不是奠基於互相給予安全感與慰藉。所有這些都屬於頭腦，那就是為何愛只占據我們生活的一小塊位置。愛不是屬於頭腦的，它完全獨立於狡猾算計、充滿自我保護之需求與反應的頭腦之外。當愛存在，性永遠不會是個問題——製造問題的，是缺乏愛。

十五、我們為何會想著性？

頭腦到底為何會想著性這檔事？為什麼？為什麼它成了你生活的中心議題？只要你一直不了解老是想著性的頭腦，性就會變成一個非比尋常、極為困難與複雜的問題。性行為本身從來就不是個問題，但是關於這行為的思想念頭會製造出問題。

第3章

男朋友與女朋友的渴求

一、為什麼關係會變成依賴？

實際層面上，我們會依賴郵差、送牛奶的人、超市等。當我們談到依賴，我們所謂的依賴是什麼意思？所有的關係都是依賴的嗎……

若加以分析，便會清楚發現人為什麼會依賴。空虛、內在有所不足；沒有足夠的能量、動力、能力、清明；依賴另一個人來滿足那份不足、那種覺察力的缺乏，以及無法在道德、理智、情感與身體上靠自己站起來的感受。一個人會依賴，也是因為想要感到安全。小孩子第一件要求的事就是安全感。大多數人都想要安全感，它意謂著舒適。當一個人試圖理解人為何會在情感、理智與靈性上產生依賴時，所有這些事都會牽涉其中。

我依賴你，因為你給了我愉快，你給了我舒適，你給了我滿足感，你給了我安全感，為我帶來平衡、和諧、陪伴、在一起的感覺。我們現在要來檢視這是真的還是假的。我在情感、肉體、理智或其他層面上緊抓著你，在我的內在，我是孤立的，我覺得自己與其他每一個人都是分離的、個別存在的。這種分離感令人痛苦。與他人認同的需求，就是出自那份孤立感。請不要立刻接受我所說的話，我們正在一起檢視、分析、深入探討。

二、我為何這麼想要一個男朋友或女朋友？

我們感到孤立，想要尋找一個伴侶、一份友誼、一個我們可以緊緊抓住的什麼東西。這在我們周圍的人身上不斷發生，在理智上、情感上、身體上，在意識深層——這是一種持續不斷的需求，不斷想要找到一個人、一個想法、一個希望、一個什麼東西來帶給你強烈的存在感，以及對他人或自己的認同感。我們會這麼做是因為心中的空虛、孤單感受，以及在各種自我中心的活動中，所感受到的不足……在對某人或某個想法入迷、上癮了之後，這個過程本身就充滿了不確定性，我們會害怕自己所執著的東西，可能會容易受影響、不安全。我們開始嫉妒、挑釁、苛求、占有、掌控，戰爭於焉開始。

你想要自由，而我不能讓你自由。你想要注視其他人，而我立刻感到困惑，感到迷失、嫉妒、焦慮。這個過程就稱為關係。與另一人的接觸就是關係，但是我並未與任何人接觸，因為出於內心的恐懼，出於孤單，出於焦慮，出於我所有自我中心的活動，我堅持如此。我如何信得過他人……我無法確定任何事，但我卻想要完全以自己從他人身上獲得的安全感為根據……

你無法放手。重要的不是放手，而是找出你為何要依賴，如果可以搞清楚，那麼問題就結束了，否則你可能放手讓一個人走，但又去緊緊抓住另一個人。

三、我們稱它為愛

我們稱它為愛，我們稱它為保護，我們為它冠上幾十個愚蠢的名詞，但我們從未真正探究何謂關係。我們之所以建立關係，是因為內在的不確定感、對安全感的需求，以及必須確保自己與人建立關係的需求。那是一種比身體層面更深刻、更細微的依賴。如果我們不依賴會怎麼樣？我們會迷失，我們會失去停泊處，會失去一個可以讓我們說「我回家了……」的避風港。

四、熱情或色欲？性的美好

每當思想構築起愉快的畫面，它便不可避免地成了色欲，而非熱情的自由。如果愉快是主要動力，那麼它就是色欲。若性的感覺是從愉快而生，它就是色欲。當性的感覺是從愛而生，它就不是色欲，即使出現極大歡愉亦然……性的美好在於「我」，亦即自我（ego）的不在，但是性的念頭是對這個自我的肯定，那就是愉快……

提問者：那麼，熱情本身是什麼？

克氏：它和喜悅、狂喜有關，那不是愉快。在愉快中，總是存在著細微的努力痕跡——一種追尋、渴望、需求，想奮力保住它、獲得它的努力。在熱情中沒有要求，因此不會有掙扎。在這種熱情中，沒有一絲一毫的成分是獲得滿足的熱情，因此既不會有挫折，也不會有痛苦。熱情是免於「我」的自由……所以熱情是生命的本質，是它在活動、在活著。然而當思想帶來了種種關於擁有、掌握的問題，那時熱情就會熄滅。

五、為何性變成那麼重要的事？

是否可能在理智上滿足性的需求，而不將它變成一個問題？

好，我們所謂的性是什麼意思？指純粹的肉體行為，或是鼓舞、刺激、助長那個行為的思想……

為何性會變成我們生活中一個那麼大的問題……

性之所以是個問題，是因為在那個行為當中，自我似乎完全消失了。在那一刻你是快樂的，因為自我意識、「我」，以及渴求更多的欲望停止了——你渴求更多對自我的捨棄，因為透過全然的交融與結合，你體驗到十足的快樂——因此很自然地，它便成了一件重要的大事。難道不是如此嗎？因為它帶給我純粹的喜悅、全然的忘我，我便想要更多，再更多。那麼，我為何會想要更多？因為在其他每個地方，我都處於衝突之中……在我們與財產、與人、與想法的關係中，有更多的衝突、痛苦、掙扎與不幸，因此很自然地你會想要更多性，因為它能帶給你快樂，而其他一切只會帶你通往悲慘境地。

因此，問題不是性，當然不是，而是如何從自我中解脫。你已經嘗過自我不在時的存在狀態，只要幾秒鐘就好，要是能持續一整天就好了……所以你對那種無我的狀態產生了持續不斷的渴求。

除非你解決這種衝突的完整內涵，否則透過性來讓自我獲得一次釋放的情況，仍將會是一個棘手的難題……

六、愛並非只是性

你如何擁有愛？的確，愛不是一件屬於頭腦的東西，不是嗎？愛不是只有性行為，不是嗎？愛是一種頭腦不可能構思得出來的東西……

唯有徹底忘我，愛才會存在，而要擁有那樣的愛的賜福，一個人就必須透過了解關係來獲得自由。那麼，當愛存在時，性行為就會有十分不同的意義。這時，該行為就不是一種逃避，不是一種習慣……愛是一種存在狀態。

七、同性戀是一個事實，就像異性戀

有一些人在同性戀這個事實上遭遇到相當大的困難。幾個世紀以來，老師們一直避免談論這個問題……這是一個數千年來一直存在的問題……一如異性戀情是個事實，同性戀情也確實存在於這個世界。而我們為什麼將它變成一個如此嚴重的問題呢？顯然，我們根本不會將異性戀變成一個問題，卻會將同性戀變成一個問題，為什麼？它是一個事實。所以，我們應該採取不同的方式來探究這個問題，探討異性戀和同性戀嗎？不去譴責任何一個，或者不去贊同其中一個、否認另一個，而是探究為何性——包括同性戀和異性戀，變成了如此高度重要的大事？

八、我們不會努力去改變一座山或一隻鳥，那麼為何要改變性取向？

只有自由的心智，自由的大腦不會有問題，它們可以面對問題並立刻解決……我們在男人與女人或男人與男人的關係中，充滿問題（在這個國家，同性戀越來越多，並非它在過去幾個世紀都不存在，但在這裡它正在成形），你很清楚這其中的種種現象。要很仔細地檢視它、觀察它，不要試圖改變、試圖引導它，說：「它絕不可以這樣。」或「它必須要那樣。」或是「幫我克服它。」而是只要觀察就好。你無法改變一座山的輪廓，或鳥兒的飛翔、水的流動，你只能觀察它，觀看著它的美。如果你觀察時又說：「這不像我昨天看到的那座山那麼美。」如此你便不是在觀察，而只是在比較。

九、分享、與人交融的重要

生活是關係中一個持續的活動。如果我們真的有所警覺、對世界上發生的所有事件都保持警醒，那麼這個稱為生活的活動，我們就必須好好了解，而且並非僅限於特定層面的了解，例如科學、生物或傳統層面，或是學習知識的層面，而是必須在全部的層面都充分了解。

你知道那個字詞有著非比尋常的意義。我們可能會分享金錢、衣物，如果有一點食物，也可能給人或與他人分享，但是除了這些以外，我們很少與人分享其他東西。分享所隱含的意義，並不只是口頭的溝通（communication），那只是指對語文意涵和本質的理解，分享更包含了交融（communion）。與人交融是生命中一件最困難的事之一。我們或許很擅長為我們所擁有，或想要，或希望得到的事物，進行溝通，但要與人交融，著實是件最困難的事。

因為交融意謂著說話的人和聆聽的人，兩者都必須要帶著一份強度、一份炙烈，而且必須處於同樣層次、在同一時間，處於一種既不接受也不拒絕而只是積極聆聽的心態，不是嗎？唯有如此，交融，與某個人事物交融的狀態，才有可能發生。與自然交融相較之下是比較簡單的，當身為觀察者的你，和作為被觀察者的事物之間沒有任何障礙，包括語言或智識上的障礙時，你可以輕易地與某樣事物處於交融狀態。但是或許，這時存在著一種狀態，某種情感狀態，一種高強度狀態，因此兩者可以在同一層面、同一時間上相遇，否則溝通是不可能的——尤其是交融，那是真正的分享。這樣的交融行動真的很棒，因為就是那樣的交融、那樣的高強度狀態，才能真正轉化一個人的整個心理狀態。

畢竟，愛（請容我暫時使用這個字眼，而不賦予它任何特定意義）唯有當分享的行動存在時，才有可能發生。回到我說過的，分享唯有在同一時間、同一層次上，存在著這種高強度狀態與非口語溝通這一特定品質，才有可能存在。否則，它就不是愛，否則，它就流於情緒反應和多愁善感了，而那是完全無益的。

我們的日常生活，我指的不是某一瞬間的超級時刻，而是日常生活，就是這樣的告知、傾聽和理解行為。而對大多數人而言，傾聽是最困難的事之一。那是一門偉大的藝術，遠比其他任何藝術更偉大。我們幾乎不會傾聽，因為大多數人的腦袋，都充斥著自己的問題、自己的想法和意見——腦袋永遠喋喋不休地，訴說著自己的種種不足、幻想、迷思與野心。人們幾乎從不曾留意別人在說什麼，不但如此，也不曾留意鳥兒、夕陽和水面的倒影。人們幾乎從不曾真正去看、去傾聽。如果一個人知道如何傾聽（傾聽需要驚人的能量），那麼在傾聽的行動之中，就會出現完整的交融，話語、話語的意義，以及話語的建構，就沒有多大意義了。所以，你和說話者必須完全共同分享彼此說出的真相，或是錯誤訊息。對大多數人來說，傾聽是一件很困難的事，但唯有在傾聽當中，一個人才能學習。

十、朋友或情人不是一件家具

以雙方需求為基礎的關係，只會帶來衝突。無論我們有多麼互相依賴，都是為了達到某種目的而在利用彼此。只要心中存有目的，關係就不存在。我可以利用你，你也可以利用我。在這種利用狀態下，我們失去了真正的接觸。一個奠基於相互利用的社會，正是暴力的基石。我們利用他人的時候，眼中只會看見自己想要達到的目的。這個目的和想要獲得什麼的心態，阻礙了關係和交融的發生。在利用他人的時候，無論過程多麼令人滿意、為你帶來多少慰藉，恐懼始終存在，而為了避免恐懼，我們必須占有。從占有之中又生起了嫉妒、猜疑，以及不斷的衝突。這樣的關係永遠無法帶來快樂。

一個僅僅以需求作為結構基礎的社會，無論是生理或心理方面，都必然會滋生出衝突、混亂與愁苦。社會只是反映出人我關係中的你，而這個關係是被需求和利用所主導的。當你為了自己的需求而利用他人，包括生理和心理方面，關係實際上根本就不存在，因為你其實與對方並沒有接觸、沒有交融。若對方只是像一件家具一樣被使用，只為滿足你自己的方便與舒適，你如何能與對方有所交融？因此，了解日常生活中的關係，及其代表什麼意義是十分重要的。

十一、愛與被愛的感受

我們年輕的時候，愛與被愛是件很重要的事，不是嗎？對我而言，大部分的人既沒有去愛也沒有被愛。我認為，在年輕的時候多多去了解並嚴肅看待這個問題，是絕對必要的，因為我們還年輕的時候，擁有足夠的敏感度去感受愛、去認識它的質地、認識它的芬芳，這樣或許當我們年紀漸長時，它就不會遭到澈底毀滅。因此，讓我們想想這個問題——我要說的是，不是你不該被愛，而是你應該去愛。這是什麼意思？這是個理想嗎？這是一件遙不可及、難以達成的事嗎？或者，這是一件在生活上偶爾可以彼此感受到的事呢？去感受、去覺知、去認識同情心的質地、了解的質地，去自然而然地幫助他人、去不帶任何動機地幫助他人、懷抱和善的心、慷慨大度、抱持同情心、照顧一樣東西、照顧一隻狗、對村民抱持同情心、對朋友慷慨大方、去原諒他人，這是我們所說的愛嗎？或者，愛是一種沒有怨恨的東西，是永遠寬恕的東西？在我們年輕的時候去感受它，難道不可能嗎？大部分的人在年輕的時候確實感受到了——對外在的痛苦、對村民、對狗、對幼小者的同情心。難道它不該受到持續的照料嗎？難道你不該始終在一天當中，保留一段時間來幫助他人、照料一棵樹或一座花園，或協助家務或整理宿舍嗎？如此能讓你在年紀漸長之後，知道如何自然地擁有一顆體貼的心——不是那種被強迫的體貼，那不過是以一己快樂為目的的負面字眼，而是不帶任何動機的體貼之心。因此，你難道不該趁年輕的時候，認識這種真實情感的質地？它無法被他人帶入你的存在本質，你必須擁有它，而那些負責看管你的人，例如你的監護人、父母、老師等，也應該要擁有。多數人都未能擁有，他們關心的是自己的成就、自己的渴望、自己的成功、自己的所知，以及自己曾做過的事。他們將自己的過去堆積成一座如此重要的龐然大物，以致這龐然大物最終摧毀了他們。

所以，你難道不該趁年輕的時候，去學習如何打理自己的房間、照料一些你自己挖土栽種的樹木，好讓自己萌生出同情、照顧、慷慨的感受嗎？那是一種微妙的感受，而且是真正的慷慨，而非僅僅是存在頭腦裡的慷慨，那表示你能將自己擁有的少數東西給予他人。若沒有這麼做，若你沒有在年輕的時候去感受這些事，那麼等到你老年時，要擁有這些感受將會十分困難。因此，如果你擁有那種愛的感受，以及慷慨、和善、溫柔的感受，或許你可以喚醒他人內在同樣的感受。

第4章

禁慾與貞潔的區別

一、禁慾只是控制

人一直努力要達到……一種至樂狀態、洞徹真理的狀態……人一直在折磨自己的心智——透過訓練、透過控制、透過自我否定、透過禁慾、苦行等方式來進行。

所有東方與西方的體系都意謂著持續控制、持續扭曲心智以服從由神職人員、聖典，以及所有那些不合適的、屬於暴力本質之事物所制定的規範。他們的暴力不單單是來自否定肉體，更包括否定欲望的每一種形式，以及美的每一種形式。

二、禁慾的誓言浪費精力，但這不代表可以放縱性慾

你立下誓言……然後壓抑、控制自己，一輩子無止盡地與自己抗爭，只為遵守誓言。看看你浪費了多少精力！放縱自己也是浪費精力的一種方式。你若壓抑，其意義遠比想像中大。投入在壓抑、控制、否定欲望的努力，會扭曲你的心智……

三、禁慾只是控制；貞潔是愛

唯有當愛存在，貞潔才能存在，沒有愛就沒有貞潔這回事。沒有愛，貞潔只不過是另一種形式的色欲……因此，有愛的時候，貞潔就不再是個問題。那麼，生命就不是個問題，生命是要在愛的完滿中澈底活出來的，

而那樣的革命將會催生出一個新世界。

四、當愛存在，性會找到一個適當的位置

一顆守紀律的心，一顆壓抑的心，無法明白愛是什麼。如果它困在習慣中、困在感覺中——包括宗教或身體上的，心理或知覺上的，它便不可能了解愛……唯有當頭腦與心靈都卸下恐懼的包袱，卸下已成為例行公事的感覺習慣，當慷慨與慈悲存在，那麼愛就會存在。這樣的愛就是貞潔。

第5章

成熟的婚姻與友誼

一、我們從未與任何人自在舒坦地相處，因為我們都活在自己的想法中

我們都想要有同伴，我們都想要有性關係，那是生理需求。我們也想要一個自己可以信賴、可以給我們安全感、讓我們覺得舒服、能支持我們的人。因為大部分的人都無法靠自己的雙腳站起來，所以我們會說，我一定要結婚，否則就要找一個朋友或不管什麼人，反正我一定要找到一個能讓我感到舒服自在的人在一起。我們從未與任何人自在舒坦地相處，因為我們都活在自己的想法中、活在自己的問題中、自己的野心中等等。我們害怕靠自己站起來，因為生活非常孤單，生活非常、非常複雜而且麻煩，所以人需要一個可以一起商量事情的人。再者，若結婚就有性關係、有孩

子等等。在這份男女關係中，如果其中沒有愛，你們便剝削彼此……

因此，一個人必須去找出如何與另一個人一起生活而沒有衝突的方式……這需要很高的智慧和誠正之心。

二、關係表示彼此有所接觸

關係這個詞表示有所接觸、與他人有一種完整的感覺，不是以分開的獨立個體身分聚在一起，分別感覺到完整，而是這個關係本身激發出這種特質，一種不是分開個體的感受……

我們能否在建立關係時，真正體現這個名詞深層、深刻的意義呢？是否可能有這樣一種關係，如同深海般安穩而不受擾亂呢？

三、關係是一件逐漸成熟、綻放的事

所以，如果我擁有這種品質的心智，這種大腦，或感覺到關係是逐漸成熟、綻放的，一個運動過程——它不是靜態的，它是活的，你不能將它放在箱子裡，說「這就是了」，然後就停住不動，那麼我們可以開始問：婚姻是什麼？對嗎？或者不是婚姻，可以是一個人和另一個人一起生活，維持性關係，互相陪伴，牽手，交談……

責任是不可或缺的——對嗎？我對一起生活的人負有責任。我不僅是對我的妻子有責任，我也對世界上發生的事有責任……

如果我有孩子，如果我真的愛他們，覺得對他們有責任，我對他們的一生都負有責任，而他們也必定一生都對我負有責任。我必須看見他們接受良好教育，不會遭受戰爭的殺戮……

除非一個人擁有這種品質的愛，否則其他都只是無關緊要的議題。

四、習慣中沒有愛

只有非常、非常少數去愛的人，他們的婚姻關係是有意義的、是牢不可破的，不單單是一種習慣或方便，也不是立基於生物和性方面的需求。在那樣無條件的愛中，身分認同會融合在一起……

對大多數人而言，婚姻關係不是一種融合……你孤立地過生活，他們也自己孤立地生活著，而且你已經建立起確定的性歡愉習慣……

愛不是一種習慣，愛是一種喜悅的、有創造力的、嶄新的東西，因此習慣是愛的相反面，但你卻困在習慣中，那麼很自然地，你與另一個人的習慣性關係便已經是死的……因此，你身為一個在關係中負有責任感的個體，必須做些什麼……唯有在自己的頭腦和心靈都覺醒的時候才能有所行動。

五、當然，確實有可能和你愛的人在一個性關係中正常運作，而不製造出通常會伴隨而來的惡夢

兩個人是否可能相愛，而且雙方都非常有智慧、非常敏感，所以自由得以存在、衝突的中心則不存在？衝突並不是相愛的感受。相愛的感受是完全沒有衝突，相愛當中不會喪失能量。喪失能量是尾隨而來的事，是因為之後發生的種種——嫉妒、占有、猜忌、懷疑、害怕失去這份愛、不斷需要再次獲得保證和安全感等等。當然，確實有可能和你愛的人在一個性關係中正常運作，而不製造出通常會伴隨而來的惡夢。當然那是可能的。

第6章

成為真正的老師

一、你為何要受教育？

你是否曾想過，自己為何要接受教育、為何要學習歷史、數學、地理或其他科目？你是否曾想過，為何要去學校、上大學？找出為何你要被塞滿那麼多資訊和知識的原因，是一件非常重要的事，不是嗎？這一切所謂的「教育」到底是什麼？你父母將你送到這裡，或許是因為他們自己已經通過特定考試，獲得各種學位。你是否曾問過自己，為何自己會在這裡，還有老師們是否問過你，為何在這裡呢？老師們知道他們為何在這裡嗎？你難道不該努力去找出如此奮鬥的意義何在嗎？賣力讀書、應付考試、住在離家那麼遠的地方還不能害怕、要擅長某些運動等等。難道你的老師不該協助你探討這些問題，而非只是幫你準備好通過考試嗎？

你看見這些問題了嗎？你在家人間、鄰里間，沒有察覺到這一點嗎？你是否注意到這些現象始終不斷發生？你不必找出接受教育的原因、為何你想要受教育、為何父母想要你受教育的原因嗎？為何他們滔滔不絕地談著教育在世上能發揮的用處？你可能讀得懂蕭伯納的劇作，可能可以隨口引用莎士比亞或伏爾泰或某些先進哲學家的名言，但是如果你本身沒有智慧，如果你沒有創造力，那麼這種教育有何意義？

所以，對老師和學生而言，了解如何變得有智慧不重要嗎？教育的目的不在於僅僅是會讀書，然後考高分，任何聰明一點的人都能做到這些。教育的目的在於培養智慧，不是嗎？我所說的智慧不是指狡猾精明，或是試圖贏過某人的聰明機靈。智慧，當然，是一種非常不一樣的東西。當你不恐懼的時候，就是有智慧。那麼你何時會恐懼？每當你想著別人會怎麼談論你，或父母會說什麼的時候，恐懼就來了。你害怕遭受批評、害怕受到懲罰、害怕考試不及格。當老師責備你，或是在班上、學校，或生活周遭不受歡迎的時候，恐懼便悄悄爬上心頭。

恐懼顯然是智慧的其中一個障礙，不是嗎？可以肯定的是，教育的核心本質就是幫助學生，亦即你和我，去覺知並了解恐懼的原因，好讓學生們從童年開始就可以免於恐懼地過生活。

二、真正的教育幫助你了解生命，而非只是獲得獎賞

正確的教育關心的應是個人的自由，而這一目標本身就能帶來與整體、與眾人的真正合作，然而這樣的自由並非透過追求個人一己的擴張與成功來達成。自由是伴隨自我認識而來的，當頭腦徹底超越它基於渴求安

全感而為自己製造的障礙時，自由才會出現。

教育的功能是幫助每個人去找出所有這些心理障礙，而非只是在他們身上強加新的行為規範、新的思考模式。如此強加的方式永遠無法喚醒智慧與富含創造力的理解能力，只會進一步制約個人。可以肯定的是，這就是目前全世界正在發生的事，也就是我們的問題持續存在並倍增的原因。

唯有當我們開始了解人類生命的深層意義，真正的教育才可能發生，然而要想去了解，頭腦必須有智慧地讓自己免於對獎賞的欲求，因為那只會滋長恐懼與從眾心理。如果我們將孩子視為個人財產，如果將他們當成我們那卑微自我的延續、我們自身野心的實現，那麼我們將會建立一個沒有愛、只顧追求自我中心利益的環境和社會結構。

三、正確的教育

正確的教育方式並非不可能實現。要想學習，每個孩子需要的是耐心、警覺性與智慧。要觀察孩子的性向、資質與性情，並理解他們的困難，然後將他們的出身與父母親的影響力考慮進去，而非簡單將他們歸類為某種類型——這都需要一個反應迅速且靈活、沒有被任何體制或偏見所限制的頭腦。這需要技巧、強烈感興趣的心，最重要的是，必須富有情感，而如何培養出具備這些品質的教育家，是當今我們最大的問題之一。

個人自由與智慧的精神，應時時刻刻普及整個校園，這件事絕不能疏忽，不能心存僥倖，偶爾有空才隨意提及這幾個字眼並沒有任何意義。

特別重要的是，學生與老師應定期集會，討論整個團體的身心安康相關事宜。應組織學生會，其中包括教師代表，並在會中澈底討論所有關於紀律、整潔、食物等問題，也可協助指導一些放縱自己、漠不關心或冥頑不靈的學生。

學生們應從會眾中選出一些負責執行決策的人，以及協助一般管理事務的人。畢竟，學校裡的自我管理，是在為往後生活的自我管理做準備。如果孩子在校時就能學會如何在討論自己日常問題時，體貼他人、保持客觀並發揮智慧，那麼他們長大後將能夠更有效、更冷靜地——面對生活中更大、更複雜的試煉。學校應鼓勵孩子去理解，彼此的困難與獨特性、心情和脾氣，如此當他們長大之後，便能在人我關係中表現得更善解人意、更有耐心。

同樣的自由與智慧精神，也應該在孩子的課業學習中充分展現。如果要學生擁有創造力，而非只是一部自動化機器，那麼不應鼓勵學生接受公式和既定的結論。即使是科學類學科的學習，也應進行推理辯論，以幫助他們看見問題的全貌，發揮自己的判斷力。

＊＊＊

如果施教者關心的是個人自由，而不是他們自己先入為主的概念，他們將能鼓勵孩子了解自己的環境、自己的性情、自己的宗教與家庭背景，以及所有可能影響並改變自己的因素，進而幫助孩子發現那份自由。

四、發現自己的興趣所在

正確的教育方式，也應該協助學生發現他們最感興趣的事物。如果他們無法找到真正適合自己的職業，他們的一生似乎就浪費了，他們在做著自己不想做的事時，會感到十分挫折。

如果他們想成為藝術家，卻變成辦公室裡的文員，他們將會一輩子滿腹牢騷，並且日漸憔悴。因此，找到自己想做什麼，然後看看是否真的值得去做，對每個人都是一件非常重要的事。

正確的教育不但要幫助學生發展自己的能力，也要幫助他們了解自己的最高利益。在一個被戰爭、破壞與苦難撕裂的社會，一個人必須能夠建立起新的社會秩序，帶來不同的生活方式。

要建立一個祥和、開悟的社會，主要的責任就落在施教者身上，而且很顯然，他們不需要情緒激動，就有很大的機會可以協助達成這場社會的蛻變。正確的教育方式不會依賴任何政府的規定，或者任何特定體制的方法，它就掌握在我們自己手中，在父母與老師的手中。

如果父母真的關心他們的孩子，他們會建立一個新社會，但基本上多數父母並不在乎，因此他們沒時間處理這個最迫切的問題。他們有時間賺錢、從事娛樂活動、做禮拜儀式，卻沒時間好好思考什麼是對孩子最正確的教育方式。這就是大部分人都不想面對的事實。要面對這個事實，表示他們必須放棄各種消遣娛樂與令人分心的事物，當然他們不願意這麼做。所以他們將孩子送去學校，那裡的老師和他們一樣不關心。為何他們要在乎？教書對他們而言只是一份工作，一個賺錢的方式。

如果有人能看到幕後的真相，會發現我們所創造的世界是如此膚淺、如此虛假、如此醜陋，而我們會努力裝飾這塊布幕，希望每一件事都能沒理由地變正確。可惜的是，大多數人對生活都不是非常認真，或許除了與賺錢、得到權力或追求性刺激有關的事之外。他們不想面對生活裡的其他複雜問題，而那就是為什麼當他們的孩子長大，也會變得和父母一樣不成熟、不整合、不斷與自己抗爭、與世界抗爭。

我們很輕易就能說出自己愛孩子，但是當我們接受既有的社會制約時，當我們不想為這個充滿破壞力的社會帶來根本上的轉變時，心裡真的有愛嗎？只要我們依然仰賴各種專家來教育我們的孩子，這些混亂和痛苦會繼續發生，對這些專家而言，他們關心的是部分而不是整體，因此他們自己也是不整合的。

當今的教育事業是遭到忽視的，多數施教者的工作流於固定的例行公事，教育已不是一個最受敬重、負有重責大任的職業。他們其實並不關心整合與智慧的問題，而是關心資訊的傳授，而在周遭世界面臨崩潰之際，僅僅是傳授資訊的人並不算是個施教者。

一個施教者並非只是資訊給予者，他們應指出通往智慧、真理之路。真理遠比老師更重要……要創造一個新社會，每個人都必須成為一個真正的老師，這表示我們必須既是學生也是師父，我們必須教育自己。

五、從制約與順從中解脫

孩子是影響力的儲藏庫，不是嗎？他們很容易受影響，不只是受到你和我的影響，也受到環境、學校、氣候、吃的食物和閱讀的書所影響。如果他們的父母是天主教徒或共產主義者，他們就會刻意受到塑造、受到制約，而這就是每一對父母、每一位老師會用不同方式所做的事。那麼，我們可否覺知到這些倍增的影響力，也幫助孩子覺知到它們，好讓他們在成長過程中，不會受困於其中任何一種影響力呢？因此，可以肯定的是，幫助孩子在逐漸成熟的過程中，不被制約成為一個基督徒、一個印度教徒或一個澳洲人等等，而只是完全成為一個有智慧的人，這點十分重要，而唯有當身為老師或父母的你，看見最初必定有自由的真相，這件事才可能實現。

自由不是紀律的結果。自由不是制約頭腦之後出現的，或制約正在發生之際出現的。唯有當你和我覺知到所有這些制約頭腦的影響力，並幫助孩子也覺知到它們，好讓他們不會捲入其中任何一種影響時，自由才會存在。然而，大部分的父母和老師，都覺得孩子必須順從社會常規，如果他們不順從，他們會去做些什麼？對多數人來說，順從是迫切的、是必要的，不是嗎？我們已經接受一個概念，就是孩子必須調整自己，去適應他們周遭的文明、文化與社會。我們將這件事視為理所當然，透過教育，我們幫助孩子去順從，去讓自己適應社會。

但是，孩子真的有必要讓自己適應社會嗎？如果父母或老師覺得自由是迫切的、必要的事，而非只能順從社會常規，那麼孩子長大後，他們將會覺知到制約他們頭腦的種種影響力，而不會去順從當前社會的貪婪、腐敗、強權、教條與專制的觀點，而這樣的人將能創造出一個完全不同類型的社會。

我們常說有一天烏托邦社會將會實現。理論上，這聽起來很棒，但是它實際上並未出現。很遺憾地，施教者需要受教育，一如家長。如果我們只關心如何制約孩子，讓他們去順從特定的文化或社會規範，那麼我們只會延續目前的狀況，也就是自己與他人之間持續不斷的爭鬥狀態，同樣的痛苦將會持續下去。

第7章

喚醒父母及孩子的內在智慧

一、父母真正想要的是什麼？

一般人的理解是，父母想要他們的孩子接受教育，以期能適應社會、調整自己，並改變自己的想法以融入社會，這其實意謂著協助他們做好準備，以獲得一種可以養活自己的職業。他們想要自己的孩子接受教育、通過考試、在一所大學獲得學位，然後得到一個不錯的工作、在社會上保有一個安全的身分地位。那就是多數父母所關心的。

這又帶出了父母與施教者的社會文化背景為何這一複雜問題，不是嗎？事實上，這意謂著必須去探索社會是什麼、教育這件事是否真的只是根據已建立的規範，去制約孩子為社會服務。另一方面，當學生長大離開大學，他們應該與社會站在對立面嗎？或者他們應該要有能力合力創造出一個新型的社會呢？身為父母的我們，想要的是什麼？

二、教育的社會目的

評論：有一件事是我們不想看到的——就是年輕人在學費高昂的學校接受良好教育之後，卻只想從社會謀求一己的舒適。這樣的人完全不懂得回饋，他們只會使國家越來越貧窮。

克氏：那就是說，教育如何幫助學生從孩童到青少年，一直到成年，都不要反社會……當我們談到教育他們不要反社會時，意思也就是制約他們不要打破已建立的規範。只要他們順從常規並停留在社會規範之內，我們便稱他們為社會資產，但是一旦他們打破規範，我們就說他們反社會。

所以，教育的功能就只是塑造學生去適應特定的社會嗎？或者教育應該幫助他們去了解社會是什麼，了解其帶來腐敗、破壞、分裂的因素，好讓他們能澈底了解這整個過程，以便可以跳脫出來？跳脫出來並不是反社會。相反地，不順從任何既存的社會才是真正的社會行動。

三、父母和孩子的關係是什麼？

如果我身為家長，我和孩子的關係是什麼？首先，我是否真的擁有任何關係？孩子恰巧成了我的兒子或女兒，但我和孩子之間實際上是否真的有任何關係、任何接觸、陪伴和交融？或者我太忙著賺錢，或忙些別的事，所以就把他們打包送去學校？那麼，我其實和兒子或女兒根本沒有任何接觸或交融，對嗎？如果我是個忙碌的家長，就像一般的父母那樣，我只想要孩子成為某某重要人物，例如律師、醫生或工程師，那麼即使是我生出他們，我和他們有任何關係存在嗎？

提問者：我覺得我應該要和孩子建立關係，但是我希望能建立一種可以讓他們依賴的關係。我該如何開始？

克氏：我們在討論父母和子女的關係，並且問我們自己，彼此是否真的有任何關係存在，儘管我們自己說有。那份關係是什麼？你生下孩子，然後你想要他們一路過關斬將上大學，但是實際上，你和他們有任何其他關係嗎？富人有他自己的消遣活動、有他的煩惱，他沒時間陪伴孩子，所以偶爾才會見到他們，等孩子八歲或十歲的時候，他就將他們打包送去學校，然後就結束了。中產階級也一樣太忙碌，無法和孩子建立任何關係，他們每天都得去辦公室上班。而窮人與孩子的關係就是工作，因為孩子也必須工作。

四、有愛的父母會力求改變，好讓他們的孩子也能改變

那麼，讓我們確立這個名詞在我們的生活中的意義。我自己和社會的關係是什麼呢？畢竟，社會就是關係，不是嗎？如果我真的對我的孩子有一份深刻的愛的感覺，那份愛將會創造出一場相當大的革命，因為我不會想要孩子去適應社會，讓他所有的主動權都被消滅殆盡，我不會想讓他們被傳統包袱壓垮、被恐懼和腐敗壓垮，變成奉承上位者、欺壓下位者的人。我務必會盡力讓墮落的社會不再存在、讓戰爭和各種形式的暴力結

束。可以肯定的是，如果我們愛自己的子女，表示我們必須找出一種教育他們的方式，讓他們不僅僅只會適應社會而已。

那麼，教育的功能是什麼？難道不是幫助學生了解自己的強烈欲望、動機與衝動為何嗎？那些正是創造出這個破壞性社會的模式，不是嗎？難道不是幫助他們了解並打破自己所受的制約、所受的局限？

評論：我想孩子首先有必要了解自己所處的社會，否則他們無法擺脫它。

克氏：他們是社會的一部分，他們每天都在接觸社會，而且看見了它的腐敗。那麼現在，你想要如何透過教育去幫助他們了解這個社會隱含的問題，並能擺脫它們，好讓他們可以創造一個截然不同的社會秩序呢？

五、父母和老師一樣需要教育

評論：一個普通孩子無可避免地會順從社會規範。

克氏：沒有所謂「普通孩子」這回事，但可能會有一個害怕得要命的普通老師。那就是為什麼施教者也需要接受教育的原因。他們也必須改變，而非只會順從社會常規。

六、年輕人不是問題

正確的教育方式必須從施教者開始，他們必須了解自己，並且擺脫既定的思想模式，因為他們是什麼樣的人，就會傳授什麼。如果他們沒有獲得正確的教育，那麼除了他們在自身教養過程中同樣被傳授的那些千篇一律的機械式知識之外，他們還能教些什麼？因此，問題不在孩子身上，而是在父母和老師身上，問題是必須教育施教者。

如果我們身為施教者的都不了解自己，如果我們不了解自己與孩子的關係，只會將各種資訊往他們腦袋裡塞，只求讓他們通過考試就好，那麼我們怎麼可能帶來新的教育方式？小學生們需要引導與幫助，但是如果那個引導者、幫助者，自己都是困惑的、心胸狹小的、充滿國家主義或滿腹理論的，那麼很自然地，他們的學生也會變成和他們一樣，於是教育遂成為一個帶來更多混亂與衝突的來源……

關心我們自己的「再教育」，比擔心孩子未來的幸福和安全更重要。

七、我們被教導的是如何思考嗎？還是思考什麼？

要教育施教者，也就是讓他們了解自己，是最困難的一件工作，因為多數人已經在一種思考體系或一種行為規範中僵化了，我們已經任由自己耽溺於某種意識形態、宗教，或特定的行為準則，所以我們才會教導孩子們要思考什麼，而非如何思考。

此外，父母和老師的心思，有很大部分都被他們自己生活中的衝突與憂傷所占據。無論貧窮或富有，多數父母都沉浸在自己個人的煩惱與生活考驗當中，他們並未慎重關切當前社會與道德日漸敗壞的問題，只想讓孩子擁有條件與能力在這世上發展。他們對子女的未來感到焦慮，迫切渴望讓他們接受教育，以確保獲得一個安全的位置，或遇見優秀的結婚對象。

與一般人所相信的不同的是，大多數的父母並不愛他們的孩子，儘管他們嘴裡常說著愛他們。如果父母真的愛他們的孩子，就不會強調家庭與國家的重要性大過整體，這在人群間製造出社會與種族的分裂，引發戰爭和飢荒。令人驚訝的是，人們接受了嚴格的訓練才能成為律師或醫師，卻不必接受任何訓練、不必讓自己符合資格從事這項最重要的任務，就成為父母了。

屢見不鮮的是，有個別獨立傾向的家庭，都鼓勵一般的孤立過程，因而成為社會敗壞衰退的因子。唯有愛與了解的存在，孤立的高牆才能打破，如此家庭便不再是一個封閉的小圈圈，既不會成為牢籠，也不會成為庇護所，如此父母便能與人交融，非但與子女之間是如此，與鄰居之間也能如此。

許多父母因為如此沉浸在自己的問題中，便將維護子女幸福安康的重責大任轉交給老師。那麼，很重要的是，施教者也必須協助教育家長。

施教者必須與他們談一談，解釋世界的混亂狀態，其實反映的是他們自己個人的混亂。他們必須指出，科學的進步無法為既有的價值觀帶來根本上的改變，技術性的訓練，也就是如今稱為「教育」的事業，並未帶給人們自由，也沒有使他們變得更快樂，而且制約學生去接受當前的環境，並無益於他們的智慧。他們必須告訴家長他們試圖為孩子做的事，以及如何著手。他們必須喚醒家長的自信心，但不是帶著專家面對無知老百姓的權威態度，而是與他們討論孩子的性情、遭遇的困難、資質等等。

如果老師能將孩子視為個體，並對他們真正感興趣，父母就會對他們有信心。在這個過程中，老師是在教育家長，但也同時教育了自己，反過來從家長身上學習。正確的教育是一個雙向任務，需要的是耐心、體貼的心和情感。

八、我們真的愛自己的孩子嗎？

為人父母者是否曾問過自己為何要生孩子？他們生孩子是為了有人延續香火、繼承財產嗎？他們只是為了自己高興、為了滿足自己的情感需求而生孩子嗎？若是如此，那麼孩子就只是父母欲望與恐懼的投射。

若是對孩子施以錯誤的教育，而讓他們滋長了嫉妒、憎恨和野心，父母還能宣稱自己愛孩子嗎？是愛激發出國家民族與種族的對立，最終導致戰爭、毀滅與澈底的悲劇，並以宗教和意識形態之名，讓人們互相敵對嗎？

許多父母鼓勵孩子的方式，製造了衝突與悲傷，不但允許他們屈服於錯誤的教育方式，也以自己處理生活的方式為依據。然後，當孩子長大，開始遭遇痛苦，父母便為他祈禱，或為他的行為找藉口。父母為孩子所受的苦，是一種充滿占有欲的自憐形式，只存在於沒有愛的時候。

如果父母真的愛孩子，他們就不會成為國家主義者，不會將自己與任何國家認同，因為對國家的崇拜會招致戰爭，而戰爭會殺死或殘害他們的兒子。如果父母真的愛孩子，他們會發現什麼是與財產的正確關係，因為占有的本能，賦予了財產極大卻又錯誤的意義，而那正在毀滅這個世界。如果父母真的愛孩子，他們不會讓自己隸屬於任何組織化宗教，因為教條與信仰，會將人們分裂為彼此衝突的團體，在人與人之間製造出對立。如果父母真的愛孩子，他們會拋棄嫉妒和爭吵，著手對當今的社會結構做出根本的改變。

九、父母與孩子內在的智慧覺醒

我們不應該繼續不假思索地——遵從自己被用來教養成人的規範。如果我們不了解自己，個人內在與社會之中如何會有和諧？除非施教者了解自己，除非他們能看見自己受制約的反應，並開始讓自己從既有的價值觀中解脫，否則他們如何能喚醒孩子內在的智慧？如果他們無法喚醒孩子內在的智慧，那他們的功能是什麼？

唯有透過了解自己的思考與感覺方式，我們才能真正幫助孩子成為一個自由的人。如果施教者能熱切地關心這件事，他們將能夠敏銳地覺知到孩子，還有他們自己。

第8章

追尋與自己的關係

一、你在尋找什麼？

在我看來，探討自己到底在追尋什麼是件很重要的事。這不是一個早已知道答案的修辭性反問句，而是我們每個人都難免會對自己提出的問題，而且我們越是成熟、有智慧、足夠警覺，想要找出我們在追尋什麼的需要，就越大、越迫切。遺憾的是，多數人都會膚淺地看待這個問題，而我們得到一個膚淺的答案後，便覺得滿意了。然而如果你願意深入探討這件事，你會發現頭腦只不過是在尋找某種滿足感，某種能夠滿足它的、令人愉快的虛構故事，一旦它為自己找到或創造出一個意見和結論的庇護所，它就會停留在裡面，那麼我們的尋找表面上會看似結束了。或者，如果我們仍不滿意，便會換過一種又一種的哲學，一種又一種的教條，一個又一個教會，一個又一個教派，一本又一本的書，永遠在努力尋找一個包括內在和外在的恆久安全感，尋找一種恆久不變的快樂、恆久不變的平靜。

二、了解頭腦，了解自我，那就是追尋

在我們開始追尋之前，了解頭腦的運作過程很重要，不是嗎？因為我們要追尋的現在已經十分明顯……了解自己需要的是大量的耐心，因為自我是一個極其複雜的過程，而若一個人不了解自己，無論他追尋的是什麼都沒有多大意義。若我們不了解自己的強烈欲望與衝動，包括有意識和無意識的，它們便會製造出一些導致我們內在衝突的活動，而我們所追尋的就是去避免這些衝突，或是逃離衝突，不是嗎？因此，只要我們不了解自

我的運作過程，思考的過程，那麼我們的追尋便是極其膚淺、狹隘、微不足道的。

三、自我認識是通往自由的鑰匙

如果我們真的想要創造出一個截然不同的世界，一個截然不同的人際關係，一個截然不同的生活態度，應首先了解自己，這是最重要的，不是嗎？這意思不是自我中心式的專注於自我，那絕對只會帶來悲慘痛苦。我建議的是，若缺乏自我認識，缺乏對自己的深刻了解，那麼所有的探詢、所有的想法、所有的結論、意見、價值觀等等，都沒有什麼意義。大部分的人都是受制約的——制約成一個基督徒、一個穆斯林，或無論什麼，而我們的存在本質，就被限縮在這個狹小的領域中。我們的頭腦被社會、教育、自身文化所制約，而若對整個制約過程缺乏理解，那麼我們的追尋、我們的知識、我們的探詢，只會帶來更多傷害、更大的痛苦，而那就是當前實際在發生的事。

自我認識不是根據任何公式獲得的。你可以去拜訪心理學家或心理分析師來得知一些關於你自己的事，但那不是自我認識。自我認識只有在我們覺知到關係中的自己時才會出現，那能呈現出我們時時刻刻的真實樣貌。

四、關係與孤立

我說過，一個人只有在關係中才能發現自己。情況就是如此，不是嗎？除非在關係之中，否則一個人無法認識自己、自己實際的樣子。憤怒、嫉妒、羨慕、色欲——這些反應只有在自己與人、事、概念的關係之中才會存在。如果關係完全不存在，如果只有澈底孤立，一個人是無法認識自己的。頭腦可以孤立自己，認為沒有任何人存在，而那是一種瘋狂、失衡的狀態，在這樣的狀態下，它無法認識自己。它有的僅僅是關於它自己的各種概念，如同一個理想主義者，透過追求自己應如何的理想樣貌，讓自己隔絕於一己如是樣貌的事實之外。那就是我們多數人在做的事。由於關係是痛苦的，我們想要讓自己從這份痛苦中孤立出來，而在孤立的過程中，我們創造出自己應該是何樣貌的理想，而那不過是想像，是頭腦虛構的。所以，我們只有在關係之中才能認識自己真正的樣子，包括有意識與無意識時，這是相當清楚的。

希望你能對這一切感興趣，因為這是我們日常活動的一部分，這就是我們的生活，如果我們不了解它，而只是去參加一連串聚會或是從書本獲取知識，那並沒有什麼意義。

五、若關係不存在，會有自我嗎？

問題的第二部分是這個意思：「自我是個孤立的實體嗎？或者關係不存在時根本就沒有自我？」換句話說，我是否只有在關係中才存在，或者我可以在關係之外做為一個孤立的實體而存在？我想後者才是多數人想要的，因為關係太痛苦了。當關係一實現，恐懼、焦慮就出現了，頭腦知道這一點後，便追尋各種神，或者更高的自我等等，以孤立它自己。自我，也就是「我」的本質，就是一個孤立的過程，不是嗎？自我，以及對自我的關注——我的家庭、我的財產、我的愛、我的欲望等等，是個孤立的過程，而就它確實正在發生的角度來看，這個過程是個實際情況。而如此自我封閉的頭腦，可能找到任何超越它自己的東西嗎？顯然不可能。它可以拓展它的圍牆、它的界限，也可以擴大它的領域，但它依然是那個「我」的意識。

六、衝突與痛苦讓「我」得以續命

那麼，你何時知道自己有關係？當全然的一致性存在、當愛存在時，你是否意識到自己處於關係中？還是出現摩擦、衝突，或當你有所要求、感到挫折、恐懼，或當「我」和那個與「我」建立關係的他人之間起爭執的時候，你才會意識到關係的存在？如果你沒有感到痛苦，關係中的自我感會存在嗎？讓我們用一個簡單得多的方式來看待這個問題。

假如你沒有感到痛苦，你知道你存在嗎？假設，打個比方，你這一刻很快樂，你有覺知到你很快樂嗎？可以肯定的是，你是在稍後的下一刻才意識到你很快樂。頭腦真的不可能跳脫所有自我封閉的需求與追尋，從而讓自我無法存在嗎？那時，或許關係能有一個截然不同的意義。現今的關係，只是一種被用來獲得安全、讓自我永遠存續、自我擴張與自我膨脹的手段。所有這些品質組成了自我，如果這些不再存在，可能會有另一種狀態存在，其中的關係也會有一個截然不同的意義。畢竟來說，現今多數的關係都奠基於羨慕之上，因為羨慕就是我們當前文化的基礎，所以在我們彼此的關係中，也就是社會中，會有爭吵、暴力與持續的爭鬥。但是，如果完全沒有羨慕存在，包括有意識或無意識的、表面的或根深柢固的，如果羨慕完全不再存在，那麼我們的關係便截然不同了，不是嗎？

七、有一種頭腦狀態是不被自我束縛的嗎？

是否有一種頭腦狀態，是不受自我的概念所束縛的？拜託，這不是個理論，這不是某種要實踐的哲學。如果你真的留意傾聽我所說的話，你一定會體驗到其中的真相。

八、自我認識是處理心理、社會與經濟問題的方法

在我看來，要了解一個問題，需要的不是一個現成的答案，也不是努力為問題尋找解決之道，而是直接考量問題本身，也就是在不欲求答案的狀態下處理它，可以這麼說。那麼，你就是直接與問題建立關係，那麼你就是問題，問題不再是個有別於你的存在。我想那是我們首先必須了解的

事——存在的問題，連帶其種種複雜樣貌，與我們自己並無任何差別。我們就是問題，只要我們將問題視為遠離我們的、有別於我們的東西，我們的處理方式，將無可避免地帶來失敗結果。然而，如果我們能將問題視為我們自己，我們的一部分，與我們並非分開的，那麼或許我們將能夠深刻地了解它，也就是從根本上了解它。問題存在是因為缺乏自我認識，難道不是嗎？若我不了解自己，我自己的整個複雜樣貌，我就失去思考的基礎。「我自己」並不是只存在一個特定層面上，那是肯定的。「我自己」存在於所有層面上，無論什麼層面我都可以給它一個位置。因此，只要我對自己缺乏理解，只要我還沒有對自己澈底了解、深刻了解，包括有意識與無意識的、表面的與暗藏的，那麼顯然我不具備處理問題的工具與方法，無論是經濟、社會、心理或任何其他問題皆是如此。

九、所有人的自我皆相同：

了解你自己的，你就了解全世界的問題

自我認識是了解問題的開始。若沒有自我認識，信念、概念和知識其實沒有任何意義。若缺乏自我認識，它們只會帶來幻相、帶來各式各樣複雜和愚蠢的事，讓我們可以用來做為一種巧妙的逃避方式——大部分的人確實這麼做。那就是為何我們會加入這麼多社團、這麼多團體、這麼多專屬的會員組織，還有祕密會社的原因。想要獨家獨占，難道不正是愚蠢的本質嗎？一個人越愚蠢，越是獨占，包括宗教或社會方面，每一種獨占都會製造它自己的問題。

因此，在我看來，我們在了解自己遭遇的許多問題，包括細微和明顯

的問題時，困難來自於我們自己的無知。創造問題的是我們，做為環境一部分的是我們——還有更多其他事情，如果我們能了解自己的話，我們會找出來的。

十、我們在尋求永久的安全

多數人都會尋求某種安全，因為我們的生活就是無盡的衝突，從出生那一刻開始一直到死亡的那一刻都是如此。生活的無聊與生活的焦慮、存在的絕望感、想要被愛而又不被愛的感覺，日常存在的膚淺、瑣碎狹隘與辛勞——那就是我們的生活。這樣的生活是有危險的，充滿憂懼，沒有什麼是確定的，明天永遠是不確定的。因此，你總是在尋找安全感，有意識或無意識地，你想要找到一種永久不變的狀態，先是心理上的，然後是外在的——永遠是心理上先，而不是外在。你想要一種永久不變的狀態，在那種狀態中，你不會受到任何東西、任何恐懼、任何焦慮、任何不確定感、任何罪惡感的擾亂。那就是我們多數人想要的。那就是多數人向外追求的，同時也是內心所追求的。

在外在，我們想要很好的工作，我們在技術上接受良好教育，以便以某種官僚的方式——或你想要怎麼稱呼都行的方式——機械化地運作。而在內在，我們想要平靜，一種確定感，一種永久不變的感受。在我們所有的關係中、所有的行動中，無論我們做的事是對是錯，我們都想要安全。

十一、有安全這樣一種東西嗎？

首先，在關係中、情感中、我們的思考方式中，是否有一種東西叫做內在安全感？每個人都想要的、盼望的、將信仰寄託其上的究竟實相，是否真的存在？因為在你想要安全的那一刻，你會發明一位神、一個概念、一個理想，讓它們給予你安全感，但那些可能根本不是真實的——可能只是一個概念、一個反應、一種對不確定這個明顯事實所做的抗拒。因此一個人必須深入探究，在我們生活的各個層面，是否真的有安全這回事。首先探討內在，因為若沒有外在的安全，那麼我們與世界的關係將會全然不同，我們將不會把自己與任何團體、任何國家，甚至任何家庭產生認同。

所以，當你問自己是否真的有安全這個問題時，如果你不去直接了解問題，而去處理旁枝末節，問題會變得極度複雜，因為正是想要獲得安全的欲望在滋長衝突，而可能安全這種東西根本就不存在。如果你在心理上能夠看見沒有任何一種安全存在的真相，任何層面都沒有，那麼就沒有衝突。那麼，你就是富有創造力的，你的行動會是威猛的，想法會是爆發性的，你不會被任何事所束縛，你就是真正在活著。而一個處於衝突之中的頭腦，顯然無法清楚地活著，無法擁有清明狀態和一種廣大無邊的情感和同情感受。若想要愛，你必須擁有一個極為敏感的心，然而你若永遠都在恐懼、永遠都在焦慮、永遠都在擔憂、覺得不安全，因而不斷追求安全，那麼你無法保持敏感。顯然，一個陷入衝突的心，就像一部處於摩擦狀態的機器，不斷耗損自己，它會變得遲鈍、愚蠢、無聊。

因此，首先要問，有一種叫做安全的東西嗎？你必須自己找到答案，不是我。我說在心理上，在任何層面、任何深度上，都沒有任何一種安全。

* * *

安全存在嗎？人們始終不斷追尋的恆常不變是否存在呢？你自己已經留意到，你的身體會起變化、身體細胞經常在改變。你自己也在與妻子、與孩子、與鄰居、與你的國家、社群的關係中看到，有任何事物是恆常不變的嗎？你想讓它們成為恆常不變的。你和妻子的關係——你稱之為婚姻，你在法律上可以緊緊抱著，但那份關係有任何恆常不變的本質嗎？因為如果你期待在自己的妻子或丈夫身上獲得恆常不變，那麼當她（他）轉身離開，或看一眼別人，或者去世，或者遭受疾病打擊，你會完全失去方向……

* * *

每一個人的實際狀態就是不確定。那些領悟到這個實際的不確定狀態的人，要不就是看清這個事實而與它共存，要不就是離開，變得神經質，因為他們無法面對那份不確定性。他們無法忍受那種需要讓頭腦與心靈隨時保持驚人應變能力的事情，於是他們就成為僧侶，採取各式各樣想像得到的逃避方式。因此，你必須看見實際情況，而不是逃避到美好的活動、美好的行動，或者去寺廟教會、講話聊天等等。這個事實需要你全副的注意力。這個事實就是我們所有人都是不安全的，沒有什麼東西是安全的。

十二、澈底了解安全

對大部分的人而言，生活是空虛的。因為空虛，我們試圖將它填滿各式各樣的事物。然而如果你能了解這個安全與不安全感的問題，隨著你越來越深入探究（我使用「越來越深入」這些字眼並非比較之意）你會發現，這並非是時間問題。然後你會澈底了解安全與衝突的問題。接著你自己會發現——我是說發現而非相信——發現一種狀態，當中有完整的存在、完整的一己存在本質，而且其中沒有恐懼感、沒有焦慮、沒有服從與強迫的感受，那是完整的一己存在本質，一道不必追尋的光，除了它本身之外皆如如不動。

第二部

人與社會的關係

第9章

你就是社會

一、社會是衰敗的總和

要發現生活的完整意義，我們必須了解自己複雜的生活中遭受了什麼樣的日常折磨，那是我們無法逃避的。我們生活在其中的社會，必須被我們每一個人所了解——而不是僅僅被某個哲學家、某個老師、某個上師了解，而我們的生活方式也必須有所轉化、完全改變。我想那是我們必須做的一件最重要的事，沒有其他的。在轉化的過程中，在毫不妥協地為生活帶來改變的過程中，存在著一種美，而在這樣的改變之中，我們自己將會發現每個心智都在追尋的偉大奧祕。因此，我們必須關心的不是那些生活之外的事，或者生活是什麼，或生活的目的是什麼，而是要去了解這個每日生活的複雜存在，因為那就是我們必須依靠的基礎。若缺乏這份了解、缺乏根本上的改變，我們的社會將永遠處於敗壞狀態，導致我們也永遠處於衰敗狀態。

我們就是社會，我們並非獨立於社會之外的。我們就是大環境的產物——也是我們的宗教、教育、氣候、所吃的食物、所做的反應，以及我們日常生活中所耽溺的無數重複活動所產生的結果。這就是我們的生活。而我們生活於其中的社會，就是那個生活的一部分。社會是人與人之間的關係，社會是合作。社會，如它所是，只是人類之貪婪、仇恨、野心、競爭、殘暴、野蠻、無情所產生的結果——而我們就是活在這樣的模式中。而要了解這件事——不是僅限於理智上的了解，不是僅限於理論上的了解，而是實際去了解，我們就必須直接接觸那個事實，而那個事實就是：人類，也就是你，是這個社會環境、經濟壓力、宗教傳統等種種因素的產物。要想直接接觸一件事，就是不能光靠嘴巴說，而是要去檢視它。

二、你是世界的展現

你是什麼，世界就是什麼。因此你的問題就是這個世界的問題。的確，這是個簡單而基本的事實，不是嗎？在我們與另一人或眾人的關係中，我們似乎不知何故總是忽略了這一點。我們想要透過體制或基於體制的想法與價值觀革命而帶來改變，忘記了正是你和我創造了這個社會，是你和我透過我們的生活方式帶來混亂或秩序。因此我們必須從最近的地方著手，也就是我們必須關心自己日常的存在、日常的思想、感覺和行動，而這些會透過我們的謀生方式，和自己與想法、與信念的關係揭露出來。這就是我們的日常存在，不是嗎？我們關心生計、找工作、賺錢，我們關心與家人或鄰居的關係，我們也關心自己的想法與信念。現在，如果你檢視我們的職業，它基本上就是建構於羨慕之上，而並非只是一個賺錢謀生的手段。社會既是如此建構的，它就是一個持續衝突、持續在成為什麼的過程，它根據的是貪婪、羨慕，羨慕比你優越的：小職員想要變成經理，這顯示他並非只關心賺錢謀生，視其為一種生存工具，而是關心獲得地位與聲望。這種態度很自然地會在社會上和關係之間造成嚴重的破壞，但如果你和我只關心謀生，我們應該找到一種正確的賺錢工具，一種不以羨慕為基礎的方法。羨慕是關係中最具破壞力的因素之一，因為羨慕指出了對權力與地位的欲求，而它終將導向政治，這兩者是密切相關的。當小職員一心想要成為經理時，就變成創造權力政治的要素之一，而這製造出戰爭，因此，他是直接要為戰爭負責的。

三、社會是我們所有關係的總和

個人的過程並非對立於世界，對立於群眾（mass），無論這個詞指的是什麼都好，因為有別於你的群眾並不存在——你就是群眾。

四、智慧如何反抗？

你知道的，世界各地的年輕人正在抗拒、正在反抗既有的秩序——一個已經讓這世界變得醜陋無比、怪獸一般、混亂不堪的秩序。戰爭不斷發生，數千人搶著一份工作。社會是由過去世代帶著他們的野心、貪婪、暴力與意識形態所建立的。而人民，特別是年輕人，正在抗拒所有的意識形態——或許不是在我們這個國家，因為我們還不夠進步，我們還沒有文明到可以拒絕所有的權威、所有的意識形態。但是在拒絕意識形態的同時，他們也在創造他們自己的意識形態模式：例如留長髮，以及其他行為等等。

因此，僅僅是反抗並無法提供問題的答案。能為問題提供解答的是在自己的內在帶來新秩序，一個生活的秩序，而非例行公事。例行公事是死氣沉沉的。你一從大學畢業就進入辦公室——如果你可以找到工作的話——然後接下來的四十到五十年間，你每天都進入辦公室上班。你知道這樣的頭腦會發生什麼事嗎？你已經建立起一套例行公事，你重複做著這些例行公事，然後你也鼓勵孩子重複這種例行公事。任何活著的人都必須反抗它，但你總是說「我有責任，以我現在這個位置，即使我想離開也沒有辦法。」所以世界繼續運轉，重複著這場單調的循環、生活的沉悶、全然的空虛。而與這一切對立的智慧，正在反抗。

五、創造新的社會

必須要有一個新的秩序、新的生活方式。要建立這個新秩序、新生活方式，我們必須了解何謂失序。唯有透過否定負面，而非透過直接追求正面的東西，你才能了解何謂正面。你了解嗎？當你拒絕負面的東西，將它擱置一邊，當你了解人類所創造的這整個社會的與內在的失序，當你了解只要每個人都依然野心勃勃、貪得無厭、惹人反感、競爭心強、追求地位與權勢等，他就是在創造失序，而當你了解了失序的結構——那個了解本身就能為你帶來紀律，但不是那種壓抑的紀律、不是限制的紀律。就在這樣的否定之中，正確的紀律會來臨，而那就是秩序。

六、盲目跟隨他人會毀滅你

有所謂的靈性領袖中的權威……而失序的最主要原因，就是追求或尋找一個他人承諾你的實相。由於多數人都處於困惑狀態，多數人都處於混亂狀態，所以我們寧願機械式地跟隨一個保證為我們帶來舒適靈性生活的人。有件最不尋常的事之一就是：政治上，我們反對暴政和獨裁者，人們越是自由、文明、解放，就越憎惡專制暴政，包括政治和經濟方面，但是在內在領域，他們卻可以接受權威，接受另一個人的專制。這表示，我們會扭曲自己的心智、扭曲自己的思想和生活方式，以順從另一個人所建立的特定規範，視之為邁向實相之道。當我們這麼做的時候，其實是在毀滅自己的清明，因為清明或光明必須靠自己找到，而不是透過別人、透過書本，也不是透過任何聖人來找到。

一個人無法拒絕外在的權威，那是必須的，那是任何文明社會所必要的。但是我們現在談的是另一個人的權威，包括現在的講者。唯有當我們了解每一個人所帶來的失序，秩序才可能存在，因為我們是社會的一部分，我們創造出社會的結構，然後自己困在那樣的社會中。我們做為繼承了動物本能的人類，必須以人類的身分，找到光明和秩序。而我們無法透過另外一個人來找到那個光明與秩序，或那份了解——無論那人是誰都無所謂，因為他人的經驗可能是錯誤的。所有的經驗都必須被質疑，無論是你自己的或他人的。

七、拒絕讓自己的制約成為權威

一個人必須自己找出為何要追隨他人、為何接受這種權威專制的原因——神職人員的權威、印刷文字的權威、《聖經》、印度聖典，以及所有其他類似權威。一個人是否能完全拒絕社會的權威？我的意思不是由「披頭族」（beatniks，譯註：一九五〇至六〇年代盛行一種反傳統文學運動，該族群稱為「垮掉的一代」，後來大眾媒體發明了「披頭族」一詞，展現的是該族群負面的刻板印象與膚淺的一面）提出的那種拒絕，那只是一種反動而已。而是一個人是否可以真正看見這種外在的順從，對於想要發現真相、發現何謂實相的頭腦來說根本無用，而且具有破壞性呢？如果一個人能拒絕外在權威，是否可能拒絕內在的，亦即經驗的權威呢？一個人能拋開經驗嗎？因為對大部分人而言，經驗是知識的嚮導。我們會說：「我從經驗中得知。」或「經驗告訴我，我必須這麼做。」然後經驗就成了一個人的內在權威。而比起外在權威，那或許遠遠更具破壞力、更為邪惡。那是從一個人的制約而來的權威，它將帶著你進入各種形式的幻相……

那麼，頭腦可以完全抹除數世紀以來的制約嗎？畢竟，制約是屬於過去的。無意識反應、知識、信念、無數個昨天累積的眾多傳統，一起塑造出頭腦。而那些可以全部抹去嗎？

你看，制約正是恐懼的根源，而有恐懼的地方，就不會有美德。

八、心理安全是個迷思

我不打算深入探討無意識，只會簡單點到為止。無意識就是無數千百萬年來的過去。無意識是種族、家族、集體知識的殘留物。無意識是你可能會在表面意識否認的整個傳統，但它確實存在。它在我們遭遇麻煩的時刻，變成了我們的權威。那時無意識會說：去教會吧，做這個或做那個，做法會——無論你做的是什麼。這些所有過去無意識的提醒與暗示，變成了權威——而那成為我們的良知、內在聲音，以及其他類似的種種。因此，一個人必須覺知到這一切，了解它，並且擺脫它，才能找出安全是否真的存在，並且活在真相中，在那裡，你將自己去發現是否確實有安全這回事。

我們也會藉著認同於一個概念、種族、社群或特定行動，而獲得很大的安全感，包括心理上與情感上。換句話說，我們會全心投入某個目標、某個政黨、某種思考方式、某種習俗、習慣、儀式等，當一個印度教徒、祆教徒、基督教徒、穆斯林，以及其他類似種種。我們全心投入特定的思考方式，我們認同一個團體、一個社群、一個特定階級，或特定概念。這種與國家、家庭、團體和社群的認同，也會帶給你一定程度的安全感。當你說「我是印度人」或「我是英國人」或「我是德國人」或無論是什麼時，你會覺得比較安全……

首先，是否有一個叫做安全的東西？你必須自己去找出答案，不是我。我說，沒有任何一種安全存在，無論是心理上或任何層面、任何深度都沒有。

第10章

什麼是真正的宗教？

一、宗教並未改變人類行為

我們會說，人類心智必定已經進入一個根本的轉化和蛻變，因為人類已經嘗試過每一種方法來轉化自己了，包括外在和內在方法。人們去寺廟、教堂、清真寺，嘗試過各式各樣的政治體制、經濟秩序，帶來了繁榮盛世，也製造出大量貧窮人口。人類想方設法透過教育、透過科學、透過宗教，嘗試為自己帶來根本上的蛻變。人們進入修道院、放棄俗世生活、無窮盡地靜心冥想、重複誦念著禱詞、犧牲、追逐理想、追隨名師、加入各式各樣的教派。如果我們觀察歷史的軌跡，人類已經嘗試過每一種可能的方式，只求能找到一條擺脫困惑、苦難、悲傷與無盡衝突的出路。人們還發明了一個天堂，而為了避免下地獄，也就是避免懲罰，更努力從事各種形式的心理體操、各式各樣的控制法，他們還嘗試了藥物、性，以及最精明的頭腦所能想到的數不清方法。然而，全世界的人類依舊還是老樣子。

二、信仰是宗教嗎？

我們明白，生活是醜陋的、痛苦的、充滿悲傷的，我們想要能夠解釋這一切的某種理論、某種學說或滿意的說法、某種教條，因而困在解釋、語言文字和理論中，漸漸地，信仰也變得根深柢固、不可撼動，因為在這些信仰背後，在這些教條背後，是對未知的恆常恐懼。但是我們從來不正視恐懼，反而轉過身去。信仰越是強烈，教條就越是堅固，而當我們檢視這些信仰，例如基督教、印度教、佛教等，我們發現他們分化了人們。每一則教條、每一個信仰，都代表一系列的儀式、一系列的強制規定，而這束縛了人們、分裂了人們。因此，我們從一個探詢開始，想要找出何謂真實，想要探究這份悲苦、這場爭鬥、這份痛苦的意義何在，然後我們很快便陷入了信仰、儀式和理論的泥沼中。

信仰是一種墮落，因為在信仰與道德的背後暗藏著頭腦，亦即自我——而這個自我會滋長得更大、更有力量、更堅固。我們認為對神的信仰、對某種事物的信仰就是宗教。我們認為去相信就是虔誠向道的。你了解嗎？如果你不相信什麼，就會被視為無神論者，受到社會的譴責。一個社會譴責那些信神的人，而另一個社會則譴責那些不信的，其實他們都是一樣的。因此，宗教變成一件關於信仰的事——而信仰會對心智產生作用，產生相應的效果，如此心智便永遠無法自由。然而只有在自由的狀態中，你才能找到何謂真實、何謂神，這不是透過信仰而找到的，因為你的信仰只是投射出你認為神應有的模樣、你認為真實應有的模樣。

三、宗教與信仰分裂我們

你相信神，而另一個人不相信神，所以你們的信仰讓你們彼此分開。世上的宗教經過組織化，而發展為印度教、佛教、基督教等，從而將人與人分類。我們很困惑，認為透過宗教能讓我們釐清困惑：亦即信仰被強加於困惑上，然後我們希望困惑會因此而消除。然而信仰只不過是對困惑這一事實的逃避，它不會幫助我們面對並了解這個事實，反而讓我們逃離置身其中的困惑。要了解這個困惑，信仰並非必要。信仰在我們和我們的問題之間扮演一個過濾的角色。因此，宗教——我的意思是組織化的宗教，變成了一種逃避，讓人逃離困惑的事實。相信神的人，相信來世的人，或者有其他任何信仰形式的人，都是從他真正所是的事實中逃離。你難道沒有認識一些相信神、勤做法會、老是重複誦念某些咒語，而在日常生活中卻是專橫、殘忍、野心勃勃、欺騙或不誠實的人嗎？他們會找到神嗎？他們真的在尋找神嗎？神能透過重複一些字詞、透過信仰而找到嗎？但這樣的人是相信神的，他們崇拜神，他們每天都會上教堂或去寺廟，他們會做盡一切來避免他們真正所是的事實——而你卻認為這樣的人是值得尊敬的，因為他們就是你自己。

四、真正的宗教能由思想與其恐懼發明嗎？

我們關心的是如何實現一個不一樣的世界，不一樣的社會秩序。我們關心的不是宗教信仰和教條、各種迷信和儀式，而是何謂真實宗教。要找出答案，就不能有恐懼。我們看見思想滋生出恐懼，而思想必定是要被什麼東西所占據，否則它就會覺得迷失。我們之所以將心思填滿神，填滿社會改造、這個那個，總要填滿什麼東西的原因之一就是——我們內心害怕孤單，我們內心害怕空虛。我們知道世界是什麼樣子：一個充滿殘酷、醜陋、暴力、爭戰、仇恨、階級與國族分裂等等的世界。知道世界的實際面貌，而非我們認為它應是的面貌之後，我們所關心的就是，如何為它帶來根本上的轉化。要帶來這樣的轉化，人類的心智必須經歷劇烈的蛻變，而且如果有任何形式的恐懼存在，這場轉化就無法發生。

＊　＊　＊

思想是記憶的回應，而記憶是透過經驗、知識、傳統累積而來的，記憶是時間產生的結果，那是繼承自動物而來的。我們就是帶著這種背景做出反應的，而這種反應就是思考。思想在某種程度上是不可或缺的，但是當思想在心理上將自己投射為過去和未來，思想便製造出恐懼，也製造出愉快……思想能停止在心理上以自我保護的方式，思考關於過去或是關於未來的事嗎？

五、完全的注意力能掃除恐懼

若要免於恐懼，就要付出完全的注意力。下次當你心中生起恐懼——害怕即將發生什麼事，或害怕曾經發生過的事會再度發生時，請付出你全部的注意力，不要逃開，不要試圖改變它，不要試圖控制，也不要試圖壓抑，只要付出全部的注意力，全然地、完全地與它在一起。然後你會發現，由於沒有觀察者，也就根本沒有恐懼……無論在任何時候，如果你能付出完全的注意力，那麼你將能掃除無意識，以及受限的意識。

六、若沒有思想所創造的儀式，心能邂逅那神聖嗎？

一個人如何邂逅那神聖的？你了解我的問題嗎？我們一直在靜心冥想、奉獻、維持獨身或非獨身，我們接受了傳統、儀式，我們對薰香、偶像變得興奮不已，我們會繞行寺廟好幾次並匍伏禮拜——我們已經做盡所有這些幼稚的事。如果我們已經做盡了這些，我們便看見了這一切的澈底無用，因為它們是從恐懼中誕生的，是從想要某種希望的心態中誕生的，因為大部分的人都處於絕望的境地。然而，想要擺脫絕望，無法透過希望而達到。要想擺脫絕望，你必須先了解絕望本身，而非引進希望的概念。了解這一點非常重要，否則你會創造出二元對立，而二元對立這條路是看不到盡頭的。

＊＊＊

我們說到重點了：心是否能夠在沒有紀律、沒有思想、沒有強迫、沒有任何書籍、沒有任何領袖、沒有任何老師、沒有任何東西的情況下，與它邂逅？心能像你邂逅美麗的夕陽一般邂逅它嗎？一個人什麼時候可以邂逅它？不是用設計的手段使你邂逅它——若是那樣，那就只是另一個詭計罷了。

在我看來，似乎有種絕對的東西是必要的——不是那種要去獲得的東西、需要練習的東西，或是需要每天做的事。也就是說，必須要有無動機的熱情。你了解嗎？這種熱情不是一種承諾或執著或動機所帶來的結果，因為缺乏熱情，你便看不見美。不是指夕陽那種美，或建築物的美、詩歌的美、枝椏上鳥兒的美，而是一種不屬於理智的、比較性的、社會性的東西，而要邂逅那種美，就必須要有熱情。要有那樣的熱情，就必須要有愛。只要傾聽就好。對於這一切，你什麼事都沒辦法做，你無法練習愛——否則那就變成僅僅是和善，僅僅是慷慨，僅僅是溫和，僅僅是一種非暴力與平靜狀態，但是，那與愛完全沒有任何關係。若沒有熱情與美，就不會有愛。只要傾聽就好。不要爭辯，不要討論「怎麼做？」

那就像是讓一道門開著。如果你讓門開著，傍晚的微風就會吹進來。你無法邀請它：你也無法做什麼準備，你沒辦法說：「我一定要怎樣，我一定不能怎麼樣。」你無法藉由參加儀式等活動來辦到，只能讓門保持開啟。這代表著一種非常簡單的行動，一種不屬於意志、不屬於愉悅、不是由狡猾的頭腦所計畫的行動。只要讓門開著——那就是你所能做的一切，其他你什麼都不能做。你無法坐下來打坐，用外力、強迫、訓練的方式讓頭腦安靜。這樣的安靜是一種噪音與無盡的痛苦。你唯一能做的就是讓你的心門保持敞開。而如果你不自由，就無法讓這道門保持敞開。

因此，你要開始鬆綁頭腦創造的各種愚蠢的心理幻想，擺脫這些糾結——從所有這一切解脫，不是為了讓門打開，而只是為了獲得自由。那就像是讓房間保持清潔、整齊有秩序，就只是如此。那麼當你不帶任何意圖、不帶任何目的、不帶任何動機、不帶任何渴望地讓門保持敞開時，有一種時間或經驗都無法度量的東西，會從那道門進來，它與頭腦的任何活動都無關。那麼，你自己將會知道，而且沒有一絲一毫的懷疑，有一種東西，遠遠超越了人類的一切想像、超越時間、超越所有的探詢。

■ ■ ■

第11章

擺脫不道德的權威

一、權威能轉變人類心智嗎？

權威能轉變人類心智嗎？這是一個必須了解的重要問題，因為對我們來說權威非常重要。雖然我們可能會反抗權威，但我們也會樹立自己的權威……

有所謂法律的權威，顯然這是一個人必須接受的。然後也有心理權威，也就是那些知者的權威，例如神職人員。現今的人大多懶得去理會神職人員了。有所謂的知識分子，也就是思緒較清晰的人，他們不在乎神職人員、教會，以及他們所有的虛構故事，但他們也有自己的權威，那就是智性、推理或知識的權威，而他們跟隨著這樣的權威。一個害怕、不確定、對自己的活動和生活不清不楚的人，便想要某種權威來告訴他該怎麼做——例如分析師、書籍或最新的潮流所帶來的權威。

心智能夠擺脫權威，也就是擺脫恐懼，好讓自己不再跟隨嗎？若能夠如此，就能停止模仿，因為模仿已經變成一種機械化行為。畢竟，美德和道德，並不是好事的一再重複。當它變得機械化的那一刻，就不再是美德了。美德必須是一種時時刻刻如新的東西，就好比謙卑。謙卑是無法培養的，一個缺乏謙卑的心沒有能力學習。因此美德不具權威。社會的道德也根本不是道德，它是不道德的，因為它認可競爭、貪婪、野心，因此社會鼓勵的是不道德。

二、政府法規、軍隊，以及殺戮

評論：之前你說我們必須接受法律的權威。在一些例如交通規則之類的事情方面，我可以理解這一點，但是法律如果要我成為軍人，這個我無法接受。

克氏：這是全世界普遍的問題。政府要求你入伍從軍，在戰事中扮演某種角色。你要怎麼辦？尤其是當你還很年輕的時候。我們老人已經畢業了。年輕人會遭遇到什麼事呢？這是個全世界的人都在問的問題。

現在，沒有權威。我不是在建議你該去做什麼或不該做什麼，該入伍或不該入伍，該殺人或不該殺人。我們正在檢視這個問題。

從前，印度社會中曾有一個特別的社群，他們說：「我們不殺戮。」他們不會為了吃而屠宰動物。他們十分謹慎地不傷害其他生命，言語和善，總是對美德有一定的尊重。這個社群存在了許許多多個世紀之久，特別是在南方，稱為婆羅門（Brahmin）。但他們全消失了。你該怎麼辦：協助戰爭或者不協助？你買一枚郵票時，你是在協助戰爭；你繳稅時，你是在協助戰爭；你在工廠裡工作，你是在為戰爭製造砲彈；還有你的生活方式，帶著競爭心、野心、自我中心的成功，也是在製造戰爭。當政府要求你入伍從軍，你要不就是決定你必須這麼做，要不就是決定不能這麼做，然後面對一切後果。我認識一位歐洲的男孩。在當地，每個男孩都要從軍一年，或者一年半，或兩年。這個男孩說：「我要逃跑。」於是他真的逃跑了，這表示他再也無法回到自己的國家。他將自己的財物都留給家人，他再也看不到家人了。當有更大的問題要去考量時，無論你決定從軍或決定不從軍，都變成是一件很小的事。

三、人類選擇了戰爭之路

更大的問題，就是如何全面阻止戰爭的發生，不單只是阻止這個特定的戰爭，或那個特定的戰爭。你有你最喜歡的戰爭，我也有我最喜歡的戰爭，因為我可能剛好是英國公民並痛恨希特勒，因此我與他戰鬥，但我不與越南人戰鬥，因為那不是我最喜歡的戰爭，它對我沒有任何政治上的利益，或無論是什麼原因都好。那個更大的問題是：人類選擇了戰爭、衝突的道路。除非你完全改變這一點，否則你將繼續困在這個讓發問者陷入其中的問題裡。要完全、澈底地改變它，你必須平靜地生活，不殺戮，包括言語或行為上的。那意謂著沒有競爭、沒有眾多主權政府的分裂、沒有軍隊。你說：「我不可能做到。我沒辦法阻止戰爭，我沒辦法阻止軍隊建立。」但是在我看來，重要的整個人類的暴力與殘酷結構，終究會以戰爭展現出來，當你看見這個事實的那一刻，如果你能看見這個全貌，那麼就在「看見」這個動作發生的當下，你將會做出正確的事。正確的事可能會產生各式各樣的後果，那沒有關係。但是要想看見這個不幸的全貌，你需要很大的自由才能真正去正視，而那樣的正視，就是頭腦的紀律，它有它自己的紀律。在這份自由之中，寂靜會出現，而你也將獲得問題的答案。

四、宗教與國家導致戰爭

是什麼讓世界在心理上、在內在失序呢？顯然，造成世上這種極嚴重的、破壞性的失序的其中一個原因，就是宗教的分裂——你是印度教徒而我是穆斯林；你是基督徒：可再細分為天主教徒、新教徒、美國聖公會教徒（Episcopalian）——層層的分裂……

所以，宗教分裂了人們，那就是大失序的其中一個因素。你不是在同意我的說法，你看見了這些事實……

國家主義，一個最近興起的有毒概念，也是失序的原因……只要主權政府存在，也就是國家主義的、個別獨立的政府，擁有軍隊的主權政府存在，那麼必定會有戰爭。

五、我們可以在不傷害他人的情況下賺錢謀生嗎？

我們所謂的謀生是什麼意思？那是賺取一個人生活所需，食物、衣服、一個遮風擋雨的住所，不是嗎？謀生的難題只有在我們將食物、衣服、住所等生活必需品，當做一種心理侵略的手段時才會出現。也就是說，當我利用這些需求、這些必需品做為自我膨脹的手段時候，那麼謀生的問題就會出現，而我們的社會基本上並非以供應必需品為基礎，而是以心理膨脹為基礎，也就是利用必需品做為一個人的心理擴張手段。

六、什麼是錯誤的職業？

我們肯定可以看出什麼是錯誤的職業。成為一名軍人、警察、律師，顯然是錯誤的職業，因為他們是依靠衝突、糾紛而興盛的行業，而大企業家，資本家，則是靠剝削而興盛。大企業家可以是一個個人，也可能是一個國家——如果國家接收一個大企業，它並不會停止剝削你和我。社會奠基於軍隊、警察、法律，以及大企業家——也就是奠基於糾紛、剝削與暴力的原則。那麼，想要一個正當、正確的職業的你和我，該如何求生存呢？失業率越來越高，軍隊越來越多，警力和其祕密勤務越來越強大，而大公司的規模也變得越來越龐大，它們成為巨型企業，最終被國家接收，因為在一些國家，國家儼然已經成為巨型企業了。在這種剝削的、建立於糾紛上的社會處境下，你要如何找到正確的謀生之道？大多數人關心的是找到一份工作，然後堅持做下去，希望能一路升遷而獲得越來越高的薪水。由於每個人都想要安全、保障，和一個永久的職位，因此不會出現根本上的革命。只有那些富有冒險精神，那些想要將自己的生活、自己的存在，當成一場實驗的人，才能發現真實的東西、發現一個嶄新的生活之道，而不是那些自滿的、感到滿足的人。

在擁有正確的謀生之道之前，顯然必須先看見錯誤的賺錢謀生手段為何——軍隊、法律、警察，還有將人們吸收進去再剝削他們的大企業，無論是以國家、資本，或以宗教之名為之皆然。當你能看見錯誤並根除錯誤，就會有轉化、就會有革命，而單是藉著這樣的革命，就創造出一個全新的社會。以個人身分追求一個正確的謀生之道是件好事，很好的事，但這並無法解決更大的問題。至於那更大的問題，唯有在你和我都不再追求安全的時候才能解決。沒有所謂的安全這樣一個東西存在。當你追求安全時，會發生什麼事？當前世界正在發生些什麼事？所有的歐洲人都想要安全，都吵著它，然後現在怎麼了？他們想要透過國家主義獲得安全。畢竟你想要安全，所以你成為國家主義者，你認為透過國家主義就能獲得安全。事實已經一再證明，你無法透過國家主義獲得安全，因為國家主義是一個孤立的過程，它會招致戰爭、苦難與毀滅。因此，就更大範圍的正確謀生之道而言，必須從那些了解何謂錯誤之道的人開始。你在與錯誤對抗的同時，便是在創造正確的謀生之道。當你在對抗整個紛爭和剝削結構——無論是左翼或右翼、或是宗教權威與神職人員所建立，那就是當下的正確職業，因為那會創造出一個新社會，一種新文化。然而，若要對抗，你必須要能夠非常清楚、非常明確地看見什麼是錯誤的，錯誤才能夠消除、離開。要發現何者是錯誤的，你必須覺知到它，必須觀察自己正在做的、思考的、感覺的每一件事，若能如此，你不但能從中發現何者是錯誤的，還會有一股新的生命力、新的能量生起，而這份能量將發揮支配作用，為你指出什麼樣的工作該做，或不該做。

七、你必須成為自己的律法

真理是一個無法被給予你的東西，你必須自己將它找出來。而要自己去找到它，你就必須成為自己的律法，必須做自己的嚮導，而不是依靠宣稱要拯救世界的政治人物，也不是依靠共產主義者、領袖、神職人員、桑雅士（sannyasi，譯註：托缽的婆羅門僧人，常引申為出家人或修行者）、書本；你必須真正去過生活，必須做你自己的律法。因此，不需要權威——這表示完全靠自己獨自站起來，不是外在層面，而是在內在完全單獨，這意謂著沒有恐懼。

八、責任屬於我們每一個人

和平是你的責任，我們每一個人的責任，不是政客的、不是軍人的、不是律師的、不是商人的、不是共產主義者、社會主義者的，都不是。它是你的責任，你如何過日子，如何過你的日常生活。如果你想要世界和平，你必須和平地過生活，而不是互相厭惡，不是羨慕別人，不是追求權力，不是追逐競爭。因為在從這些行為解脫的自由之中，你會有愛。唯有有能力去愛的心，才能知道何謂和平地過生活。

第12章

終結無知的劃分與立場

一、只有唯一一個人類種族：你和它的關係是什麼？

我們可以指出，將人們分為西方人和東方人這種劃分是地理性的、獨斷的劃分，不是嗎？這沒有任何根本上的意義。無論我們是住在特定一條線的東邊還是西邊，無論我們是棕色、還是黑色或白色人種，我們全都是人類，都正在受著苦並懷抱著希望，害怕著並相信著，喜悅和痛苦存在於此處，也同樣存在於彼處。思想不屬於西方或東方，但是人們會根據他們的制約而做出劃分。愛不是地區性的，在一個大陸被視為神聖，在另一個大陸卻被否定。人類的種種劃分是為了經濟和剝削的目的，但這不表示個人的性情等沒有相異之處。相似之處存在，但相異之處也是存在的。所有這些都相當顯而易見，而且是心理上的事實，不是嗎？

二、文明可能各異，但人類處境的基本面卻是相同的

看見相異之處時，我們必須覺察到相似之處。外在的表現方式可能也確實各有不同，但是在這些外在形相與表現的背後，那些強烈的欲望、迫切的衝動、深深渴望與恐懼都是相同的。莫讓我們被語言文字所欺騙。不管是在這裡或在那裡，人都想要和平與豐足，並希望能找到比物質快樂更多的東西。人類文明可能會因氣候、環境、食物等而有所差異，但是全世界的文化基本上是相同的：成為具有慈悲心的、避免邪惡、要慷慨大度、不要嫉妒羡慕、要寬恕等等。若缺乏這些基本的文化，任何文明，無論是在哪裡，都將分崩離析或毀滅。知識可以被所謂落後的人習得，他們可以很快地學會西方的「技能知識」，他們也可以成為戰爭販子、將軍、律

師、警察或暴君。但是文化是一件全然不同的事。神的愛與人的自由並不是那麼容易獲得，而若沒有這些，物質上的幸福便沒有太大意義了。

三、劃分是一種錯誤的安全

在我們迫切想要安全的渴望下，不僅是以做為個人的立場而言，還有在團體、國家、種族的立場上，我們所建立的世界，這個特定社會的內部或外部，戰爭難道不是已經成了最主要的問題嗎？

和平是一種心境，那是從一切想要安全的欲望中解脫。一顆尋求安全的心，必然永遠活在恐懼的陰影下。我們的欲望不僅是獲得物質上的安全，還要獲得更多內在的、心理上的安全，而正是這種想要內在安全的欲望，讓我們透過道德、透過信仰、透過國家，創造出局限性與衝突不斷的團體與概念。

四、如果你改變，世界就會改變

至少應該要有一些人是不屬於任何特定團體或種族，不屬於任何專門的宗教或社團，這真的是一件無比重要的事。他們將能創造出人類真正的友愛情誼，因為他們會尋找真相。要想從外在財富中解脫，就必須對內在的貧乏有所覺知，如此將帶來無量財富。文化之流可能會因為幾個覺醒的人而改變它的流動方向。這些人不是什麼陌生人，而是你和我。

一塊石頭可能就會改變河流的流動方向，因此一小群人也可能改變文化的走向。可以肯定的是，任何偉大的事都是以這種方式完成的。

五、立法無法終結犯罪

每隔一段時間，就會有一個群體剝削另一個群體，而這樣的剝削導致了暴力危機。這種事從古至今一直在發生——一個種族稱霸，然後剝削並謀殺另一個種族，以致後者遭受壓迫、被欺騙，陷入貧窮困頓的處境。這要如何解決？這只能透過外在的立法、外在的組織機構、外在的教育來調整嗎？或是透過了解製造出外在混亂與痛苦的內在衝突根源來解決呢？你無法在不了解外在的情況下去了解內在。如果你只是試圖鎮壓一個種族對另一個種族的壓迫，那麼你也會成為剝削者、壓迫者。如果你為了正義的目的採取邪惡手段，那個目的也將會被該手段所轉變。因此，除非我們深刻理解這一點並持之以恆，否則想要以邪惡手段改革邪惡，只會製造出更多邪惡，以致這種改革永遠需要更進一步的改革。我們以為自己能看見這個明顯的事實，但我們卻允許自己因恐懼和宣傳手法等而被說服，而走上相反的路，這表示我們根本尚未真正了解其真相。

六、讓自己從束縛中釋放，你便釋放了全世界

做為一個個人，或者國家，或者政府亦然，你或許無法轉變他人，但你可以確定的是自己的轉變。你可以阻止一個國家用暴力、經濟制裁等方式，去剝削另一個國家，但是你能保證那個終結他國殘暴手段的國家，不會也同樣採取壓迫手段，成為殘暴的嗎？沒有保證，完全沒有任何保證。相反地，在以惡制惡的過程中，該國家或個人也變成了他所對抗的對象。你可以打造一個外在的、表面的優秀立法結構，以實施控制與查核，但是如果缺乏善意與友愛的心，那麼內在衝突與貧窮，將會爆發並製造出混亂

局面。單是靠立法並無法防止西方剝削東方，或者阻止東方反過來剝削西方，只要做為個人或群體的我們，對任何種族、國家或宗教產生身分認同，那就依然會有戰爭、剝削、壓迫與飢荒。只要你依然承認自己所屬的劃分，那一長串做為美國人、英國人、德國人、印度教徒等等的劃分，只要你依然無法覺知到人類的一體與關係，大屠殺與不幸就依然會存在。一個只靠立法來帶領並控制的民族就像人造花，看起來很美麗，內在卻是空虛的。

你可能會說，世界不會等待個人的覺醒，或者等待少數人的覺醒來改變它的軌跡。是的，它將繼續走在它那盲目的、固定的軌跡上，但是透過每一個有能力拋棄層層劃分、俗世規範、個人野心與權力之束縛的人，世界將會覺醒，而透過他的了解，透過他的慈悲心，殘暴與無知就能終結。希望只存在於個人的覺醒之中。

第13章

你就是世界

一、你與這個世界的關係是什麼？

我們自己和這個世界的關係是什麼呢？這個世界是有別於我們的？或者我們每一個人都是一個整體過程的結果，並未與世界分開，而是世界的一部分？也就是說，你和我是一個世界過程，一個整體過程之結果，而非一個個別獨立的、個人的過程之結果，因為畢竟來說，你是過去的結果，你因為環境的種種影響而受到了制約——包括政治、社會、經濟、地理、氣候等影響。你是一個整體過程的結果，因此，你與世界並非是分開的。

二、你就是世界：你所是的，世界亦如是

你就是世界，而你所是的，世界亦如是。因此，世界的問題就是你的

問題，如果你解決了你的問題，你就解決了世界的問題。所以，世界與個人是分不開的。在不解決你個人問題的情況下，試圖解決世界的問題，終歸徒勞無功，完全一場空，因為你和我組成了這個世界……因為，世界畢竟離你不遠，它就是你生活的地方，是你家人、朋友、鄰居的世界，而如果你和我能在根本上轉化自己，就有可能改變世界，否則是不可能的。

三、世上所有偉大的改變，都是從少數人，從你、從我開始的

這就是為何世上所有偉大的改變與改革，都是從少數人，從個人，從你和我開始的。所謂的大規模群眾行動，只是深信不疑的個人所採取的集體行動，大規模群眾行動，只有在群眾中的個人覺醒時才有意義，如果他們是受到語言文字、受到某種意識形態的催眠，那麼大規模的群眾行動將

引發災難。

因此，若能看見世界正處於可怕的混亂狀態，戰爭逼近，伴隨著飢荒、國家主義疾病，還有腐敗的組織化宗教的意識形態正在運作——認出這一切現象之後，事情將變得顯而易見：要想促成一個根本上的、激進的革命，我們必須從自己開始。你可能會說：「我願意改變自己，但如果要每一個個人都改變，可得花上千百萬年無限多的時間。」然而，那是事實嗎？讓它花上幾年的時間吧，如果你和我真的深信，真的看見了革命必須從我們自己而非別人開始這個真相，那麼真的需要很長的時間才能說服並轉變這個世界嗎？因為你就是世界，你的行動會影響你所居住的世界，也就是包含你的各種關係的世界。不過，困難在於認出個人轉變的重要性。我們要求這個世界轉變，要求我們周圍的社會出現轉變，但我們自己卻是盲目的、不願意轉變自己。社會是什麼？可以肯定的是，它就是你和我之間的關係。你所是的和我所是的創造出關係，並創造出社會，無論它稱自己為印度教徒、共產主義者、資本主義者的社會，或你想怎麼稱呼都好，我們的關係都必須改變，而關係依靠的不是立法、政府或外在環境，而是完全倚靠你和我而存在。

四、幫助並服務他人

提問者：我想要幫助他人，為他們服務。最好的辦法是什麼？

克氏：最好的辦法就是開始了解你自己、改變你自己。在幫助他人、服務他人的欲望中，隱藏著驕傲和自負。如果你去愛，你便是在服務。嚷嚷著幫助他人，只是出於一種虛榮。

如果你想要幫助他人，你必須認識自己，因為你就是他人。外在而言，我們可能看起來不同，但我們全都受到渴望、恐懼、貪婪或者野心所驅策，就內在而言，我們極為相像。若缺乏自我認識，你如何能識得他人的需求？若不了解你自己，你也無法了解他人、服務他人。若缺乏自我認識，你只是出於無知而行動，從而製造出憂傷。

讓我們思考這件事。工業化受到貪婪與戰爭的激勵，正急劇地在全球各地展開。工業化可能可以提供就業，讓更多人溫飽，但更大的後果是什麼？一個在技術上高度發展的族群，會變成什麼樣子？他們會更富有，會有更多車子、更多飛機、更多玩意兒、更多電影、更大更豪華的房子，但是在做為一個人的層次上，他們會變成什麼樣子？他們會變得越來越無情、越來越機械化、越來越沒有創意。暴力必須廣傳，而政府正是那個暴力組織。工業化可能會帶來更好的經濟榮景，但卻伴隨著駭人的後果——貧民窟、勞工階級與非勞工階級的對立、業主與奴隸的對立、資本主義與共產主義的對立，以及在世界不同角落蔓延的種種混亂情事。我們可以很高興地說，它能提高生活品質，貧窮會被消滅，人人有工作，有自由，有尊嚴……等等。窮人與富人之間，當權者與追求權勢者之間的劃分——這種無盡的劃分與衝突將會持續下去。這樣的結局是什麼？西方世界發生了什麼事？戰爭、革命、毀滅的持續威脅、全然的絕望。誰在為誰提供幫助，誰又在為誰服務？當你周遭的一切都被毀滅了，懂得深思熟慮的人必須查明深層的原因，而似乎極少人會這麼做。

五、戰爭的原因在於你，而非科技

你無法毀滅工業，你無法除去飛機，但是你可以澈底根除它們受到濫用的原因。它們遭到可怕濫用的原因在於你。你可以將它們根除，而這是一件困難的任務，由於你不願意面對這個任務，你便試圖將戰爭合法化，訂立各種條約、組成聯盟、維護國際安全等等，但是貪婪與野心強壓了它們，於是戰爭與大災難不可避免地隨之而來。

六、自我是一部卷帙浩繁的巨著

想要幫助他人，你必須認識自己。就像你一樣，他人也是過去的結果。我們全都是相互關聯的。如果你因為無知、惡意與激情而內在生病了，你將難免會讓這個疾病與黑暗面傳播出去。而如果你的內在是健康的、整合的，你將會傳播光明與寧靜，否則你就只是協助製造出更大的混亂、更多的苦難。要了解自己需要耐心，以及有包容力的覺知。自我是一部卷帙浩繁的巨著，你不可能一天讀完，但是一旦你開始閱讀，就必須閱讀每一個字、每一個句子、每一段章節，因為在它們之中存在著對整體的提示。它的開始就是它的結束。如果你懂得怎麼讀它，就能發現無上的智慧。

七、人可以改變嗎？

你必須看見這一切，看見之後，你自然會提出要求：人可以改變嗎？

你和我可以改變嗎？你和我可以在自己身上製造出深層的轉變，讓我們人類的關係不再奠基於短暫、方便、自我中心的活動嗎？因為最重要的就是關係。除非兩個人之間的關係出現根本上的革命，否則談論神或聖典，或回頭研究《吠陀經》、《聖經》與所有類似東西，都只是廢話。除非我們能在人與人之間建立起正確的關係，否則它們沒有任何意義。

八、人與人之間的正確關係

這會是我們談論的主題——如何為我們的關係帶來根本上的革命，好讓世界沒有戰爭，讓所有國家都不再由國家主義、國界、階級差異等等所劃分？除非我們，亦即你和我，能建立這樣一種關係，不是理論上、意識形態上、假定的，而是實際上、真真切切地去做，否則必然會出現越來越嚴重的衰敗與惡化現象。

我們所謂的關係是什麼意思？有關係是什麼意思？首先，我們與什麼有關係嗎？關係意謂著接觸：一起、有關聯、有接觸，與另一個人有立即的接觸，了解他所有的困難、他的問題、他的痛苦、他的焦慮，而這些也同樣是你自己的問題。了解你自己之後，你便了解了全人類，因而能為社會帶來根本上的轉變。「個人」幾乎沒有意義，但是「人類」卻有十分重大的意義。個人可能會因為壓力、緊張、環境等而改變，但是他的改變不會從根本上影響這個社會。但是人類的問題，不是指某個個人，而是指生活了兩百萬年的人類，有他的衝突、他的焦慮、他的恐懼、他與死亡的面對面——這一切現象都是身而為人的普遍問題。除非我們了解這些——不是以個人立場，而是以身而為人的立場，否則不可能為世界帶來不同的文化、不同的社會。

九、關係不是兩個形象之間的事

我們有關係嗎？一個人與另一個人有關係嗎？我們的意思是，藉由關係，我們在理智上、情感上、心理上有所接觸，不是嗎？我們有這樣的接觸嗎？或者，接觸和關係只發生在你所擁有的一己形象和你心中對他人的形象之間呢？你擁有一個關於自己的形象，關係自己的想法、概念、經驗等等。你擁有自己的性格特質、取向——所有這些勾勒出一個關於你的形象……你擁有一個經過頭腦雕塑而成，或者透過你的經驗、透過傳統、環境，或透過一些奇怪的壓力塑造而成的形象。那是關於你自己的形象，而對方也有一個關於他自己的形象。因此，這兩個形象彼此接觸，那就是我們所謂的關係。無論是最親密的夫妻關係，或是你所創造的關於俄羅斯、關於美國、關於越南、關於這個或那個的形象，兩個形象之間的接觸，就是我們所謂的關係。請務必聽好，這就是我們所知道的一切關係。

你心中有一個關於自己的形象，你也為他人創造出一個形象——無論他是一個美國人或俄國人或中國人，或哪種人都好。你心中有一個巴基斯坦人的形象，有一個印度教徒，印度人的形象，心中還有一條稱為國界的線——而且你還願意為了該形象殘殺彼此，而那個形象透過一面國旗、透過國家精神、透過仇恨受到了強化。所以，你願意……請聽好，願意為了一個字眼、一個概念、一個形象而殘殺彼此。

人類尚未解決戰爭的問題。第一位女性或父親一定曾在第一場戰鬥中哭喊，而我們依然在哭泣。

十、要建立正確的關係，我們必須摧毀形象

要建立正確的關係，就要摧毀形象。你了解摧毀形象是什麼意思嗎？意思是摧毀關於你自己的形象——譬如你是個印度教徒，我是個巴基斯坦人，是個穆斯林、天主教徒、猶太人或共產主義者等等。你必須摧毀創造出形象的機制——你內在的機制，以及對方內在的機制。若不這麼做，你可能只是摧毀了一個形象，而那個機制將會創造出另一個形象。因此，不但要找出形象的存在，亦即要覺知到你的特定形象，更要覺知到創造出該形象的機制為何。

十一、形象是由思想拼湊而成，而思想是對記憶的反應

或許你已經了解這個名詞的意思，它如何藉由知識、藉由經驗、藉由傳統，藉由家庭生活中各式各樣的緊張與壓力、辦公室裡的工作、遭受的侮辱等創造出來——所有這些虛構出「形象」。而什麼是創造出形象的機制呢？你了解嗎？這個形象必須被拼湊出來。這個形象必須維持住，否則它會崩塌。因此，你必須自己找出這個機制是如何運作的。當你了解了這個機制的本質，以及這個機制的意義之後，形象將不復存在——這個形象不但包括有意識的形象，也就是你有意識地為自己保持，並在表面上覺知到的形象，也包括了內在深層的形象，它的全部。我希望我對這東西的解釋夠清楚。

一個人必須深入檢視，探索形象如何誕生，以及是否可能停止這個創造它的機制，然後人與人之間的關係才有可能存在——它將不再是兩個形象，也就是兩個死的存在之間的關係。這件事非常簡單。

十二、思考者，那個「我」，就是形象創作者

你奉承我，你尊敬我，而我藉由接受的羞辱、接受的奉承，而在心中有一個關於你的形象。我有各種經驗——痛苦、死亡、悲慘不幸、衝突、飢餓、孤單等，所有這些在我內在創造出一個形象，我就是那個形象。並非我就是形象，並非形象與我（I，主詞我）是不同東西，而是「我」（me，受詞我）本身就是那個形象，那個思考者就是那個形象。創造出形象的就是那個思考者。透過他的回應、透過他的反應，包括身體的、心理

的、理智的等等，那個思考者，那個觀察者，那個體驗者，透過記憶、透過思想創造出那個形象。因此那個機制就是思考過程，那個機制透過思想而出現並存在。而思想是必要的，否則你無法存在。

十三、思考在日常生活中占有適當位置

首先要看見問題。思想創造出思考者，思考者開始創造關於他自己的形象：他是梵我（Atman，譯註：或音譯為阿特曼，或稱真我，印度教中指做為靈魂本源的我之意），他是神，他是靈魂，他是個婆羅門，他是非婆羅門，他是個穆斯林，他是個印度教徒，以及其他林林總總的身分。他創造出形象，然後活在這個形象中。所以，思考過程是這個機制的開端。接著你會說：「那我該如何停止思考？」你無法停止它，不過我們可以思考但不要

創造出形象。

十四、對彼此的意見不是關係

一個人會開始看見我們大部分的關係，其實是以這種形象構成為基礎的——在構成這個形象之後，一個人會建立或希望建立起兩個形象之間的關係。但是很自然地，形象之間不會有任何關係存在。如果你對我有意見，或我對你有意見，我們怎麼可能會有任何關係呢？關係只有在它是自由的時候才會存在，也就是當它能夠免於這種形象構成的時候——我們會在接下來的談話中深入探討這一點。唯有當形象瓦解，形象的構成停止，衝突才能結束，才能徹底結束。只有那時才會有和平，不僅是內在的，也包括外在的。唯有當你建立起內在的和平，你那獲得自由的心才能走得長遠。

你知道，自由只有在心中沒有衝突的時候才能存在。大部分的人都處於衝突之中，除非我們是死的。你會催眠自己，或認同於某個目標、某個承諾、某種哲學、某個教派或信念——你的認同如此強烈，以致你被催眠而入迷，活在一種昏睡狀態。大多數人都處於衝突之中，而衝突的結束就是自由。衝突的存在會讓你無法擁有自由。你可以追尋自由，可以欲求它，但你永遠無法獲得它。

因此，關係意謂著拼湊出形象的那個機制結束了，而隨著該機制結束，正確的關係得以建立。因此，衝突也將會結束。

第三部

人與生命的關係

第14章

生活有目的嗎？

一、生活的目的是什麼？

在討論生活的目的為何之際，我們必須探討我們所謂的生活是什麼意思——不單是字典裡的意思，而是我們賦予這個名詞的意義。可以肯定的是，生活意謂著每天的行動、每天的思想、每天的感覺，不是嗎？它意謂著奮鬥、痛苦、焦慮、欺騙、擔憂，以及辦公室、事業、日復一日官僚化的例行公事等等。所有這些就是生活，不是嗎？我們所指的生活，不是只有意識裡專門的一個部分或一個層次，而是存在的整個過程，也就是我們對事物、對人們、對想法的關係。那就是我們所指的生活的意思——它不是一個抽象的東西。

因此，如果那就是我們所謂的生活，那麼生活有一個目的嗎？或者，是因為我們不了解生活的各個面向，例如日常的痛苦、焦慮、恐懼、野心、貪婪等，因為我們不了解存在的日常活動，所以我們才想要一個目的，無論這目的是遠是近，是遙不可及或唾手可得都沒有關係？

二、我們為何想要一個目的？

我們想要一個目的，如此才能指引我們的日常生活朝著一個目標前進，那很顯然就是我們所謂的目的之意。但如果我們了解如何生活，那麼生活本身就已經足夠了，不是嗎？我們會想要一個目的嗎？如果我愛你，如果我愛另一個人，難道這本身還不足夠嗎？我還會想要一個目的嗎？可以肯定的是，我們只有在自己不了解，或想要一種看得見目標的處世模式時，才會想要一個目的。畢竟，大多數人都在追尋一種生活方式，一種為人處世之道，而我們要不就是仰賴他人、指望過去，要不就是試圖透過一己經驗找出一種行為模式。當我們仰賴自身經驗得出一種行為模式時，我們的經驗永遠是受到制約的，不是嗎？無論一個人擁有的經驗有多廣泛，除非這些經驗能消融過去的制約，否則任何新的經驗都只會進一步強化過去的制約。那是我們可以討論的一個事實。如果我們仰賴他人、仰賴過去、仰賴某某上師或一個理想，以求獲得一個行為模式的楷模，我們就只是在將生活的非凡生命力強行塞入一個模子中，強行將它形塑為特定形狀，因而失去了生活迅速的變化、生活的強度與精彩豐富。

三、要找出生活的目的，頭腦必須拋開測度的行為

我們必須清楚找出我們所謂的目的是什麼，以及是否有一個目的存

在。你可能會說有一個目的存在：要達到實相、神，或無論你怎麼稱呼。但是要達到那些事，你必須認識它，你必須要覺知到它，你必須要知道它的尺度、深度和意義。我們親自認識實相了嗎？或者我們只是透過他人的權威來認識它？因此，如果你不知道實相是什麼，你可以說生活的目的是找到實相嗎？既然實相是未知的，那麼尋找未知的頭腦首先必須拋開已知，不是嗎？如果我的頭腦烏雲密布、背負著已知的重擔，它便只能根據自身的制約、自身的限制來測度一切，因而永遠無法知道那未知的，不是嗎？

因此，我們現在試圖要討論並找出的是——生活是否有一個目的，以及那個目的是否能被測度。它只能按照已知、按照過去來測度，而當我依照已知來測度生活的目的，我便會根據我自己喜歡或討厭的部分來測度。

因此，這個目的會受到我的欲望所制約，也因此，它便不再是目的了。確實，這很清楚了，不是嗎？我只能透過自身偏見、需要與欲求，來理解何謂生活的目的，否則我無法判斷，對嗎？因此，測度的行為、尺規、準繩等等，就是我頭腦的一種制約，而根據我所受制約的命令，我將會決定這個目的是什麼。然而，那就是生活的目的嗎？那是由我的需要所創造的，因此它肯定不是生活的目的。要找出生活的目的，頭腦必須拋開測度的行為，然後它才能找到——否則，你只是在投射自己的需要罷了。這並非只是個思想觀念，如果你能深入探索它，就會看見其意義。

四、唯有在自由之中，人才能發現真相

畢竟，我是根據我的偏見、我的需要、我的欲望、我的偏好，來決定

生活的目的為何。因此，我的欲望創造出目的。可以肯定的是，那不是生活的目的。以下哪件事比較重要？是找出生活的目的，還是讓頭腦從它的制約中解脫，然後去探詢？而或許當頭腦從自己的制約中解脫時，那樣的自由本身就是目的。因為，究竟而言，唯有在自由之中，人才能發現真相。

因此，第一個要素是自由，而非尋找生活的目的。若沒有自由，顯然是找不到它的。若無法從我們自己那些微不足道的需求、追逐、野心、嫉妒羨慕和敵意中解脫——若沒有免於這些東西的自由，一個人怎麼可能去探詢或找出生活的目的為何呢？

五、我們想要了解相互間的關係，還是只想要逃避痛苦？

對一個探究生活目的的人來說，先找出這個探究工具是否有能力穿透生活過程，並深入一己存在本質的複雜心理，是一件很重要的事，不是嗎？因為，那就是我們所擁有的全部，不是嗎？一件專為我們自身需求塑造的心理工具。而當這件工具是以我們一己的渺小欲望打造而成，同時也是我們一己經驗、煩惱、焦慮、惡意等的結果，那麼，這樣的一種工具能發現實相嗎？因此，如果你要對生活的目的提出探詢，先確定那個探詢者是否有能力了解或發現這個目的為何，難道不重要嗎？我不是在試圖辯贏你，而是當我們要探詢生活的目的時，這就是其中隱含的意思。我們提出這個問題時，首先要知道這個提問者，也就是這個探詢者，是否有能力了解。

那麼，當我們探討生活的目的時，我們看見我們所謂的生活，是一個相互關係的無比複雜狀態，沒有這些關係，就沒有生活。如果我們不了解那個生活的完整意義，不了解它的多種樣貌、它留下的種種影響等等，那麼探詢生活的目的有什麼好處？如果我不了解我和你的關係、我和財產與想法的關係，我要如何更進一步探討？畢竟，要想找到真相或神，或任何你想找到的，我首先必須了解我的存在，我必須了解我周遭與我內在的生活，否則，尋找實相只是變成我逃避日常行動的藉口，因為多數人對日常行動並不了解，多數人的生活都好像一件苦差事，充滿痛苦、折磨與焦慮，我們會說：「看在老天的份上，告訴我怎麼逃離吧！」那就是多數人想要的——想要一顆讓自己沉沉睡去的藥丸，好讓自己不會感覺到生活的痛苦與磨難。

六、我們想要了解生活，還是想逃避它？

內在深處，我們的生活充滿困惑、一團亂、過得悲慘，是一場痛苦的掙扎。我們越是敏感，就越是感到絕望、焦慮、內疚，所以很自然地會想要逃離生活，因為我們尚未找到答案，不知道如何走出這個迷亂狀態。我們想要前往另一個領域，或另一個維度的世界。我們藉由音樂、藝術、文學來逃避，但那些都只是逃避，比起我們正在尋找的東西，那些東西沒有任何真實性。所有的逃避方式都很雷同，無論是藉由教會、神或某個救世主的管道，或藉由酒精或各種藥物的管道都一樣。我們不單是必須了解我們在追尋什麼、為何追尋，也必須了解我們對這種深刻、持久之經驗的需求，因為唯有一個完全不再追尋、不再需要任何形式之經驗的頭腦，才能進入一個全新的領域和全新維度的世界，那就是我們現今所探討的重點，希望如此。

我們的生活是膚淺的，本身就是不足的，我們想要其他東西，一種更偉大、更深刻的體驗。再者，我們的孤立程度令人驚訝。我們所有的活動、所有的思考過程、所有的行為都導致這樣的孤立，這樣的寂寞，而我們想要從中逃脫。

第15章

你與整個地球的關係

一、你和自然的關係是什麼？

我不知道你是否發現了你和自然的關係。沒有所謂的「正確」關係，只有對關係的了解。正確的關係，意謂著僅僅是對一個公式接受，如同正確的思想。正確的思想與正確的思考方式，是兩件不同的事。正確的思想只是屈從於那個對的、受人尊敬的，而正確的思考方式是一種運動，它是了解的產物，而了解會持續修改、變化。同理，與自然的正確關係與了解我們與自然的關係，也是不同的兩件事。你和自然的關係是什麼？自然是河流、樹木、飛掠而過的鳥兒、水裡的魚兒、土地下的礦物、瀑布和水塘。你和它們的關係是什麼？大部分的人並沒有覺察到這份關係。

我們從不正眼看樹木，如果看了，也是從利用那棵樹的角度來看——要不就是想坐在樹蔭底下，要不就是想砍伐它當做木材。換句話說，我們是以功利目的看待樹木的，我們從不曾在不投射自己、不為一己便利而利用它的情況下好好看看樹木。我們也用同樣的方式對待地球和它的物產。我們對地球沒有愛，只有利用。如果一個人真的愛地球，應很節省地使用地球物產。也就是說，如果我們想了解自己與地球的關係，就應該非常小心地使用我們以地球資源所製造的東西。了解一個人與自然的關係，就如同了解一個人與鄰居、妻子和孩子的關係一樣困難，但是我們從未認真思考過這一點，我們從未坐下來好好欣賞星星、月亮或樹木。我們總是忙著社交或參與政治活動，顯然這些活動只是逃離自己的藉口，而崇拜自然也同樣是一種逃離自己的藉口。我們總是在利用自然，不是用它來逃避，就是用它達到功利目的——我們從未真正停下腳步去愛這個地球或地球上的物產，從未真正享受豐饒的田野，儘管我們使用它們來餵飽自己、為自己添衣裳。我們從不喜歡用雙手在大地上耕種——我們羞於用雙手工作。當你用雙手在大地上工作，是在進行一件非凡的事。

二、我們已經失去了與自然的關係

我們已經失去了與自然的關係。如果我們曾了解這份關係與它的真正意義，我們就不會將財產分為你的和我的。儘管一個人可能擁有一片土地並在上面蓋房子，也不再是以獨占方式分為「你的」或「我的」，而是比較接近一種尋求庇護所的手段。因為我們不愛地球與地球的物產，只是一味利用它，所以也對瀑布之美不知不覺，我們喪失了與生命的接觸，我們也從未將背倚著樹幹坐在樹下，而由於我們不愛自然，因此也不知道如何去愛人和動物。只要走到街上，看看人們如何對待閹牛的就知道了，牠們的尾巴都變形了。你搖搖頭說；「好悲慘。」但我們已經失去了溫柔的能力，失去那份敏感度，也就是對美麗的事物做出回應的能力，而只有讓這份敏感度重新活過來，我們才能對真實的關係有所了解。這樣的敏感度並非只是掛上幾幅畫，或畫一棵樹，或在髮間插上幾朵花就會出現，敏感度只有在你拋開功利觀點的時候才會來臨。這不表示你不能利用地球，而是你必須以適當的方式來使用它。

三、這是我們的世界——不是你的或我的

這是我們的世界，不是嗎？這是我們的地球，不是商人的地球或窮人

的地球。這是我們的地球。這既不是共產主義者的世界，也不是資本主義者的世界，這是我們在其中生活、享受、快樂過活的世界。擁有這樣的感受就是第一個必要條件——這不是多愁善感，而是一種真實狀態，其中有愛，有一種感受覺得這是「我們的」。若沒有這種感受，光是透過立法或制定工會工資標準，或為國家工作（國家只是另一種老闆），其實沒有多大的意義，那麼我們只是國家的雇員或某商人的雇員。當你真正感受到這是「我們的地球」，就不會有雇主與雇員，沒有一個是老闆而另一個是員工的感受，但我們並沒有這種「我們的」感受，每個人都自行其是，每個國家、團體、黨派、宗教都自行其是。我們是生活在這個地球上的人類，地球該是讓我們珍惜、創造、愛護的。在缺乏這種感受的情況下，我們卻想要創造一個新世界。因此各式各樣的實驗誕生了——利潤分享、強制勞動、制定工會工資標準、立法、強迫等——我們用上了每一種強制與說服的手段……

有許許多多的方式。但是若缺乏這種非凡的感受，體認到我們是一體的人類、這是我們的地球，那麼單是藉由立法、強制或說服的方式，只會導致更大的毀滅和更多的痛苦。

四、要提供食物、衣服、住所給所有人，需要的是心理革命而非政治革命

要公平分配食物、衣服和住所，需要一種完全不同類型的社會組織，不是嗎？各自獨立的國家與其主權政府、權力結盟、帶來衝突的經濟結構，還有種姓制度與組織化宗教——這每一種做法都宣告自己才是唯一正

途。而所有這些都應停止運作，這表示對生活的整個劃分階級式的、獨裁式的態度，必須劃下句點……

這完全是一場心理的革命，如果世上的人不想再過著基本物質需求缺乏的日子，這樣一種革命是不可或缺的。地球是我們的，它不是英國的、俄國的或美國的，也不屬於任何一個意識形態團體。我們是人，而不是印度教徒、佛教徒、基督教徒或穆斯林。

五、愛，地球之美，能回答所有問題

仔細看看你自己，看看那片葉子。看看夕陽之美，地球之美，那座丘陵，丘陵的曲線，流動的水；看看一個優秀、精良的心智之美，善良的心，一個臉龐的美，一個微笑的美。你已經否定了所有這些，因為你將美和愉快聯想在一起了——性的愉快和所謂的愛。

美根本不是那些。美不是一種只和愉快有關的東西。要了解何謂美，一個人必須擁有一顆無比簡單的心——也就是說，一個沒有烏雲遮蔽的心，能夠看見事物如是樣貌的心，能看見伴隨夕陽的所有繽紛色彩、它的迷人與絢爛，能簡單地直觀它，不將它語言化，而且真正接觸它，與它交融而不帶多餘的言辭、不帶任何姿態、不帶任何記憶，以致「你」和「你」在觀看的客體都不存在。這種非凡的交融狀態，沒有客體、沒有思考者與思想，也沒有客體與經驗，只有無邊無際的空間感——那就是美，而那也是愛。若沒有愛，無論你想要做什麼——你可以從事社會工作、社會改革、推動議會政府，你可以結婚、生子等等——你都無法為任何生活問題找到答案。而只要有愛，你可以做任何想做的事。只要有愛，就有美德，就有謙卑。

六、宰殺動物滿足人類的「福祉」

問題在於殺戮，而不僅僅是宰殺動物來填飽肚子的問題。一個人不會因為不吃肉而變得道德高尚，也不會因為吃肉而變得不道德。一個狹隘頭腦中的神，也會是狹隘的。祂的狹隘程度，將由那個將鮮花放在祂腳邊的狹隘頭腦來決定。更大的問題包括人們在自己內在和外在創造的、顯然要分別探討的問題。殺戮確實是個十分重大又複雜的問題。我們來仔細思考一下。

殺戮有許多形式，不是嗎？例如藉由一個字或一種態度來殺，因恐懼或憤怒而殺，為國家或一個意識形態而殺，也有為一套經濟教條或宗教信仰而殺……

藉由一個字或一種態度，你可以殺死一個人的名譽，透過八卦閒聊、誹謗、輕蔑，你就可以殺掉他。還有，比較的行為難道不會殺人嗎？你們不會殺死一個男孩，只因為拿他與另一個更聰明、更能幹的孩子相比嗎？一個因仇恨或憤怒而殺的人，會被視為罪犯而處以死刑，然而一個以自己國家之名刻意炸死數千人，將他們從地表掃除的人會受到尊崇、掛滿動章，被當成英雄般崇拜。殺戮的行為遍布世界各地。為了一個國家的安全或擴張，另一個國家就會被毀滅。動物被殺來吃或販售牟利，或供所謂的「體育」活動之用，牠們也為了人類的「福祉」而被活體解剖。軍人的存在就是為了殺人。幾秒鐘內就能謀殺遠距離外龐大人口的科技，以驚人的速度快速發展，許多科學家都全心投入這些事業，而牧師們也為丟炸彈的人和軍艦送上祝福。此外，我們殺掉一顆包心菜或一條蘿蔔來吃時，我們也消滅了害蟲。我們要如何劃出一道明確的界線，超出界線便不殺？

因此，我們在討論的問題，不光是宰殺或不宰殺動物那麼單純，而是在世上和我們每個人心中日益增長的殘酷與仇恨。那才是真正的問題，不是嗎？

七、讓你成為整體的一部分

那個午後，陽光灑落草地，照射在姿態宏偉地矗立於四周、被綠地勾勒出身影、高大而幽暗的樹木上。你若有所思，內心嘀咕著，心思和眼光四處飄移，不安地納悶著是否回去的路上會剛好下起雨來，你覺得自己好像闖入者，在那裡不受歡迎，但很快地，你成為它的一部分，這迷人孤寂的一部分。沒有任何鳥類在飛翔，空氣完全凝結，樹梢頂著藍天，如如不動。這片翠綠的草地就是世界的中心，而當你在一塊石頭上坐下來，你就是這中心的一部分。這不是想像，想像是愚蠢的。並非你試圖讓自己認同於那燦爛的開闊感與美麗，認同是虛無的。並非你試圖在這自然的原始孤寂中，忘記自己或放棄自己，所有忘我的自我棄絕都是傲慢的。這不是因懾人的純淨所帶來的震撼或強迫作用，所有的強迫都是對真實的否認。你無法做任何事來讓自己，或幫助自己成為整體的一部分。但你是它的一部分，是那片青翠草地、那塊堅硬石頭、蔚藍天空與宏偉樹木的一部分。就是如此。

你可能記起它，但那時你便不再屬於它，而如果你回去找它，你將永遠找不到它。

第16章

神、宇宙與未知

一、什麼是虔誠道心？

虔誠道心（religious mind）不是相信的心，不是每天上教堂，或一個禮拜去教堂一次，不是裝滿教義、被教條與迷信束縛的心。虔誠道心事實上是一種科學的心——之所以是科學的，是因為它能觀察事實而不扭曲它，如是地看待自己。一個人若想從自己所受的制約中解脫，必須擁有的不是一個相信的，或接受的心，而是一個能夠理性地、頭腦清楚地觀察自己，並且看見事實的心。體認到除非完全脫離社會的心理結構，也就是「我」，否則不可能會有真正的純真，而若缺少了純真，心永遠不可能是虔誠向道的。

二、語言文字與信仰不是神

虔誠道心不是片斷的，它不會將生命分割為幾個部分。它了解生活整體——充滿悲傷與痛苦的生活、充滿喜悅與短暫滿足的生活。虔誠道心已完全從野心、貪婪、羨慕、競爭的心理結構中解脫，已經從想要「更多」的一切需求中解脫，因此處於一種純真的狀態，而唯有這樣的心能超越自己，而不是那種只是相信那超越的存在，或對神有某種假設的心。

語言文字不是神，你對神的概念不是神。要想找到是否有所謂的神，所有言辭能夠說出的概念與表述、所有意見、想法，都只是記憶的反應，必須全部結束。唯有如此，純真的狀態才能存在，其中不會有自我欺騙，不會有欠缺，不會有想要一個結果的渴望，那時，你將能夠親自發現何謂真實……

你無法用衣服包住海水，也無法握拳抓住風，但你可以傾聽暴風雨的低沉呼嘯與大海的狂暴，你可以感受風的強勁力量，以及它的美與破壞力。你必須完全摧毀舊的，新的才能存在。

三、從已知中解脫

你不可能去談論未知。沒有任何言語、沒有任何概念，能在已知的框架內提出它。言語不是那個東西，且那個東西必須在沒有言語的情況下被直接看見。這是極度困難的事：出於純真狀態去看。出於愛去看——從未被嫉妒、仇恨、憤怒、執著或占有汙染的愛。一個人必須澈底終結執著、占有、嫉妒、羨慕——沒有理由、沒有原因、沒有動機地終結。唯有到那個時候，在從已知解脫的自由狀態下，未知的事才可能發生。

四、靜心不是咒語、祈禱、儀式，或其他形式的藥物

靜心（meditation，譯註：或稱靜心冥想、靜慮）無法透過任何重複的語詞，透過印度教徒稱為咒語而你稱祈禱的方式進行。祈禱與咒語只是讓你的頭腦睡著。藉由一再重複低吟一連串的詞語，你可以很快讓自己睡著——這就是許多人正在做的。在那種催眠狀態下，我們會感覺自己已經達成一種了不起的非凡狀態，而那只是用詞語對自己下藥罷了。你也可以藉由服用化學物質或喝酒，或各式各樣的方法來對自己下藥，但顯然那不是靜心。

靜心是真正非凡的，它是你每天必須做的事，然而並不離於生活。它

不是那種你在早上做過，一天接下來的時間就可以忘記的事——也不是偶爾想起來並利用它來做為生活指引的事。那不是靜心。

靜心是對每一個思想念頭、每一個感覺、每一個行動，抱持一份覺知，而那樣的覺知只有在沒有譴責、沒有評斷、沒有比較的時候才能存在。你只是看見事物的如是樣貌，這意謂著你覺知到了自己所受的制約，包括有意識與無意識的……

靜心是某種遠遠超越這一切不成熟思想的東西。靜心是注意到每一個思想與每一個感覺的覺知狀態，而在這樣的注意力之中，寂靜會出現——但這樣的寂靜不是紀律和控制所造成。透過紀律、透過控制所帶來的寂靜，是一種屬於腐敗的、死亡的寂靜。當這種無經驗者、無觀察者、無思考者的注意力出現，寂靜會自然而然、毫不費力地發生，甚至連你自己都沒有意識到它。這樣的寂靜是真正的純真，在這樣的寂靜當中，未知可能會來臨——不請自來，無需尋找或要求。

五、生命沒有答案

生命沒有答案。生命只有唯一的一件事，一個問題，就是生活。一個活得全然、澈底而完整的人，每一分鐘都不做選擇，既不接受也不拒絕事物的如是面貌，這樣的人不追求答案，他不會追問生活的目的為何，也不會尋找擺脫生活的方法。但是要做到這點，需要非常深入地洞察自己。若缺乏自我認識，僅僅是追求一個答案根本沒有意義，因為答案將會是那個最令人滿意、那個能帶來滿足的。那就是我們多數人要的，我們想要獲得滿足，我們想要找到一個安全的地方，一個沒有擾亂的天堂。但是只要我們繼續追尋，生活就會持續受到擾亂。

六、你無法以乞丐身分來到真理面前

當你祈禱的時候，顯然那是一種由意志指揮的行動，你想要、你祈求、你要求，由於你的迷惑、不幸與痛苦，你要求某人給你知識、給你安慰，而你確實獲得了安慰。要求者通常會接收到他所要求的東西，但是他所接受的可能並非真理，一般來說那不會是真理。你無法以乞丐身分來到真理面前。真理必須來到你面前，唯有那時你才會看見真理，而不是透過要求的方式。但我們是乞丐，我們永無止盡地尋求安慰，我們在尋找一種永遠不會受到擾亂的狀態……

七、想著高我不是靜心

想著高我（higher self）不是靜心。靜心是覺知到心或頭腦的活動——那個做為靜心者的頭腦，並覺知到頭腦如何將自己分裂為靜心者與靜心，如何將自己分裂為思考者與思想，思考者支配著思想、控制著思想、塑造著思想。因此，在所有人內在都有一個有別於思想的思考者，那個思考者已經變成了高我、神聖我、梵我（Atman），或無論你怎麼稱呼都好，但是它依然是分裂為思考者與思想的頭腦。頭腦，看見思想之流，看見其短暫無常，便將思考者創造為恆常不變的，例如梵我，它是恆常不變、絕對的、無窮盡的。

八、寂靜、空無的心

修心或積德並不重要，要讓心變得空無以接受那永恆不滅的，這些並非必要。心必須要變得空無，才能接受到那永恆的。

那不可思量測度的，只能自行出現，你無法邀請它，它唯有在心無所求，不再祈求、要求、乞討，當心已經自由，從思想中解脫的時候，它才會現前。思想的結束就是靜心之道。要讓未知出現，就必須拋開已知。這就是靜心，而這無法透過任何伎倆、任何修練來辦到。練習、紀律、壓抑、否認、犧牲等，只會強化了那個經驗者，它們會賦予他力量來控制他自己，但是那份力量是破壞性的。因此，只有當心是既沒有經驗者也沒有經驗時，如是的至樂才能存在，它無法被找到，只有在心是寂靜自由的時候，它才會出現。

九、所有人都有能力靜心，不是只有少數人才會

身而為人，我們全都有能力去探詢、去發現，而這整個過程就是靜心。靜心就是深入探究靜心者的存在本質……我們的恐懼不是因為害怕未知，而是害怕放下已知。只有當心能夠讓已知漸漸消褪，當心完全從已知中解脫，那時，新的脈動才有可能誕生。

十、神無法被捉住然後放進籠子

你想要捉住神，然後將祂放進你所知道的籠子，那個籠子你稱為聖殿、書籍、上師、體制，然後這樣你就滿意了。你以為藉由這麼做，自己

就會變得很虔誠。你不會。

十一、與神建立關係是每個人的責任

一個虔誠向道的人不會尋找神。他們關心社會的轉化，而社會也就是他們自己。虔誠向道的人不是一個進行無數儀式、追隨傳統、活在一個已逝且過往的文化中、無止盡地詮釋《吉踏經》或《聖經》、無止盡地念誦或棄俗遁世的人——那不是虔誠向道的人，他們只是在逃避事實。一個虔誠向道的人關心的完全是如何了解社會，意思就是他們自己。他們與社會並不是分開的，為他們自己內在帶來澈底的、完整的蛻變，也代表著貪婪、嫉妒與野心的止息，因此，他們不會依賴環境，儘管他們也是環境的結果——包括他們吃的食物、閱讀的書、前往的電影院、宗教教義、信念、儀式等等一切因素。他們是負責任的，因此虔誠向道的人必須了解自己，知道自己是他們所創造之社會的產物。因此，要找到實相，他們必須從這件事開始，而不是去寺廟教堂，不是依賴任何形象——無論是用手刻劃出來的，還是用頭腦刻劃出來的形象都一樣。若不這麼做，他們怎麼能找到全新的東西，一種全新的狀態呢？

十二、宗教是善的感受

你知道宗教是什麼嗎？它不在唱頌中，它不在舉辦的法會或任何儀式裡，不在對那些徒有虛名之人或石雕偶像的崇拜中，不在廟宇或教堂中，不在研讀《聖經》或《吉踏經》中，也不在不斷重複某某聖名或遵循某個人編造的迷信中。這些沒有一個是宗教。

宗教是一種善的感受，那樣的愛就像河流，活生生的，永遠在運動中。在那樣的狀態下，你會發現，有一個時刻會來臨，到了那個時刻，所有的追尋都不復存在了，而追尋的結束也就是一個全新事件的開始。對神、對真理的追尋，全然的善的感受，但不是去刻意培養善良或謙卑，而是去追尋某種超越頭腦之虛構與詭計的東西，這意謂著能去感受那東西，活在它之中、成為它——這就是真正的宗教。然而，只有當你離開自己挖掘的那座小池塘，走向河邊，進入生活的河流中，你才能辦到這一點。那麼，生活自會用一種不可思議的方式來照顧你，因為到那時候，你這個部分的照顧作為將不復存在。生活會承載著你去它要去的地方，以為你就是它的一部分，那時候，安全的問題、人們說什麼或不說什麼的問題也都將不復存在，而那就是生活之美。

資料來源與致謝

Abbreviation of Titles by J. Krishnamurti
Referred to in Source Notes

BOL: The Book of Life, Harper Collins, 1995. Copyright KFA, 1995.

CL: Commentaries on Living, Series I, II, III, Quest Books, 1967. Copyright 1956, KFA.

CW: The Collected Works of J. Krishnamurti, 1933-1967. First Published by Kendall-Hunt, 1991/1992. Copyright 1991/1992, KFA

ESL: Education and the Significance of Life, Harper-SanFrancisco, 1981. Copyright 1953, KFA

FLF: The First and Last Freedom, HarperSanFrancisco, 1975. Copyright 1954, KFA.

LA: Life Ahead, Harper & Row, 1975. Copyright 1963, KFA.

MWM: Mind Without Measure, KFI Publications, 1983. Copyright 1983, KFT.

SKR: The Second Krishnamurti Reader, Penguin Arkana, 1991. Copyright KFT, 1970/1971.

TOTT: Think on These Things, HarperPerennial, 1989. Copyright 1964, KFA.

參考資源：學校與基金會

— 克里希那穆提學校 —

UK

Brockwood Park School
Bramdean, Hampshire, S024 OLQ
www.brockwood.org.uk

USA

Oak Grove School
220 West Lomita Avenue
Ojal, CA 93023
oakgroveschool.org

INDIA

Rishi Valley Education Centre
Rishi Valley Post
Chittoor District, 517 352, A.P.
www.rishivalley.org

Rajghat Education Centre
Rajghat
Fort Varanasi 221001, U.P.
www.rajghatbesantschool.org

The Valley School
Thatguni Post
Kanakapura Road
Bangalore 560 082
www.thevalleyschool.info

The School KFI
S.No. 82/3A2 & 82/5A2B
Solai Street, Thazhambur
Chennai - 600 130
www.theschoolkfi.org

Sahyadri School
Post Tiwai Hill, Taluk Rajgurunagar Dist.
Pune 410 513, India
www.sahyadrischool.org

Pathashaala KFI
Elumichampattu
Tamil Nadu 603405
pcfl-kfi.org/pathashaala

— 克里希那穆提基金會 —

UK

Krishnamurti Foundation Trust, Ltd.
Brockwood Park
Bramdean, Hampshire SO24 OLQ
www.kfoundation.org

USA

Krishnamurti Foundation of America
P.O. Box 1560
Ojai CA 93024
www.kfa.org

INDIA

Krishnamurti Foundation India
Vasanta Vihar 64-65
Greenways Road Chennai, 600 028
www.kfionline.org

LATIN AMERICA

Fundacion Krishnamurti Latino Americana
Spain
www.fkla.org

國家圖書館出版品預行編目（CIP）資料

關係的追尋：克里希那穆提談人與世界的連結／克里希那穆提（J.Krishnamurti）著；蔡孟璇譯. -- 初版. -- 臺北市：橡實文化出版：大雁出版基地發行，2022.02
面；　公分
譯自：What are you looking for？
ISBN 978-626-7085-06-6（平裝）

1. 人際關係　2. 自我實現

191.9　　110021421

BC1103

關係的追尋：克里希那穆提談人與世界的連結

What are you looking for？

作　　者　克里希那穆提（J.Krishnamurti）
譯　　者　蔡孟璇
責任編輯　田哲榮
協力編輯　朗慧
封面設計　斐類設計
封面繪圖　Soupy Tang
內頁構成　歐陽碧智
校　　對　蔡昊恩

發 行 人　蘇拾平
總 編 輯　于芝峰
副總編輯　田哲榮
業務發行　王綬晨、邱紹溢
行銷企劃　陳詩婷
出　　版　橡實文化 ACORN Publishing
地址：10544 臺北市松山區復興北路 333 號 11 樓之 4
電話：02-2718-2001　傳真：02-2719-1308
網址：www.acornbooks.com.tw
E-mail 信箱：acorn@andbooks.com.tw
發　　行　大雁出版基地
地址：10544 臺北市松山區復興北路 333 號 11 樓之 4
電話：02-2718-2001　傳真：02-2718-1258
讀者傳眞服務：02-2718-1258
讀者服務信箱：andbooks@andbooks.com.tw
劃撥帳號：19983379　戶名：大雁文化事業股份有限公司

印　　刷　中原造像股份有限公司
初版一刷　2022 年 2 月
初版二刷　2022 年 7 月
定　　價　380 元
I S B N　978-626-7085-06-6
版權所有・翻印必究（Printed in Taiwan）
如有缺頁、破損或裝訂錯誤，請寄回本公司更換。

歡迎光臨大雁出版基地官網
www.andbooks.com.tw
•訂閱電子報並填寫回函卡•

What are you looking for？Copyright © 2007, 2021 Krishnamurti Foundation of America.
This edition published by arrangement with Krishnamurti Foundation of America through The Artemis Agency.
Complex Chinese translation Copyright © 2022 by ACORN Publishing, a division of AND Publishing Ltd.
All rights reserved.
Krishnamurti Foundation of America: P.O. Box 1560, Ojai, California 93024, United States of America.
E-mail: info@kfa.org Website: www.kfa.org